프랑스 낭만주의 그림을 대표하는 화가 외젠 들라크루아가 1838년에 그린 프레데리크 쇼팽.

쇼팽의 걸작들을 낳은, 노앙에 있는 상드의 저택

1838년부터 상드와 본격적으로 사귀기 시작한 쇼팽은 스페인의 마요르카섬으로 사랑의 도피 여행을 다녀온 뒤 노앙에 있는 상드의 저택과 파리를 약 8년간 오가며 주요 작품들을 완성

했다. 상드 자신이 "가식 없는 시골집 그 자체"라고 한 이곳의 안락한 환경과 상드의 살뜰한
보살핌이 없었다면 쇼팽의 수많은 걸작도 태어나지 못했을 것이다.

쇼팽 음악의 젖줄이 된 폴란드의 산하

쇼팽은 스무 살 때 폴란드를 떠난 이후 죽을 때까지 고국을 다시 밟지는 못했지만, 자신이 나고 자란 땅과 그곳의 하늘을 평생 잊지 않았다. 특히 10대 때 폴란드의 시골을 여행하면서 접한 춤과 노래는 그의 음악 세계를 받쳐 주는 원천이 되었다. 복잡한 정치사로 얽히면서 슬픈 역사를 간직한 폴란드이지만, 그 고유한 선율은 쇼팽의 예술 세계로 녹아 들어가 섬세하고 오묘하며 낭만적인 피아노 음악으로 다시 태어났다.

쇼팽의 생애와 예술 공간

젤라조바볼라 **1** **2** 바르샤바

폴란드

독일

드레스덴 **5**

런던 **8**

파리 **4**

빈

오스트리아 **3**

프랑스

노앙 **7**

스페인

마요르카 **6**

19세기 낭만 시대 음악인 중 오늘날까지 누구보다도 많은 사랑을 받고 있는 쇼팽의 인생은
크게 바르샤바 시절과 파리 시절로 나눌 수 있다. 1810년, 폴란드의 작은 마을 젤라조바볼라에서
태어난 쇼팽은 태어난 지 7개월이 되었을 때 바르샤바로 이주하여 스무 살 때까지 그곳에서 살았다.
아버지가 프랑스어 교사로 일하는 바르샤바리시움에서 일찍부터 명문가 자제들과 사귀며
기품 있는 매너와 화법을 익혔고, 보이치에흐 아달베르트 지브니와 요제프 엘스너 두 스승으로부터
피아노와 작곡을 배웠다. 음악가로서 본격적인 길을 걷기 시작한 것은 바르샤바를 떠나
파리로 가면서부터다. 이곳에서 그는 조르주 상드, 외젠 들라크루아, 프란츠 리스트 등
한 세기를 풍미한 많은 예술가들과 교류하는 가운데 음악가로서 전성기를 보냈다.
특히 약 9년간 이어진 상드와의 사랑은 쇼팽 예술의 소중한 영감의 원천이 되었다.

❶ 젤라조바볼라 폴란드

쇼팽이 태어난 곳

쇼팽은 1810년에 폴란드의 작은 시골 마을인 젤라조바볼라에서 프랑스계의 아버지와 폴란드계의 어머니 사이에서 태어났다. 두 나라의 피를 물려받은 쇼팽은 인생의 반은 폴란드에서, 나머지 반의 대부분은 프랑스에서 보냈다. 생후 7개월 무렵에 바르샤바로 이주하여 이곳에서 산 기간은 매우 짧지만, 그의 생가는 현재 기념관으로 운영되어 음악 팬들을 맞이하고 있다.

❷ 바르샤바 폴란드

유년기와 청소년기를 보낸 곳

쇼팽의 아버지는 스카르베크 백작의 소개로 바르샤바 리시움에서 프랑스 교사로 일하게 되었다. 학생들 대부분은 명문 집안 자제들이었다. 소년 쇼팽은 귀족의 자제들과 어울리면서 상류 사회의 예법을 익혔고, 방학이면 그들의 시골 영지를 드나들며 그곳 사람들의 춤과 노랫가락에서 깊은 인상을 받았다. 또한 지브니와 엘스너라는 두 스승으로부터 피아노와 작곡을 배웠다.

❸ 빈 오스트리아

변방 신인으로서 첫 발돋움을 한 곳

1829년, 쇼팽은 친구들과 빈을 여행했다. 이곳에서 그는 자신의 작품을 선보이고자 동분서주했고, 마침내 케른트너토르극장의 무대에 올랐다. 이날의 메인 연주곡은 〈오페라 '돈조반니' 중 '자 서로 손을 잡고' 주제에 의한 변주곡, Op. 2〉였는데, 청중의 반응은 뜨거웠다. 이 곡의 악보를 슈만은 "여러분, 모자를 벗으시오. 천재요!"라는 말로 위대한 예술가의 등장을 알렸다.

❹ 파리 프랑스

음악가로서 주 무대로 활동한 곳

1831년, 쇼팽은 빈을 자신의 근거지로 삼으려 계획을 포기하고 당시 문화와 예술의 꽃을 활짝 피우고 있던 파리로 향했다. 이곳에서 그는 폴란드 출신의 망명 귀족들과 한 세기를 풍미하게 될 많은 예술가들과 교유하는 가운데 음악가로서 전성기를 보냈다. 남은 생 18년의 대부분을 이곳에서 보냈고 마지막으로 잠든 곳도 이곳이지만, 쇼팽은 고국 폴란드를 늘 그리워했다.

❺ 드레스덴 독일

결혼을 염두에 둔 보진스카를 만난 곳

1835년 8월, 쇼팽은 드레스덴에서 폴란드 시절의 친구인 펠릭스 보진스키를 우연히 만났다. 그리고 그의 여동생 마리아 보진스카를 소개받고 2주간을 함께하며 커다란 행복감을 느꼈다. 이후 1년 만에 보진스카와 재회한 쇼팽은 그녀에게 정식으로 청혼했다. 그러나 그의 건강 문제를 주시하던 보진스카 집안의 반대로 둘의 사랑은 결국 깨지고 말았다.

❻ 마요르카 스페인

상드와 사랑의 도피 여행을 떠난 곳

쇼팽과 상드는 1838년 여름부터 본격적으로 사귀기 시작했고, 그해 10월에 남들의 이목을 피해 스페인 마요르카섬으로 가서 이듬해 2월까지 지냈다. 그러나 섬에서 체류하는 동안 이들은 자신들에 대한 주민들의 적대적인 시선과 혹독한 겨울을 감내하며 끔찍한 시간을 보내야만 했다. 그럼에도 쇼팽의 창작력은 왕성하게 타올라 〈프렐류드, Op. 28〉 등을 완성했다.

❼ 노앙 프랑스

상드의 저택이 있는 곳

1839년 6월, 쇼팽 일행은 상드의 고향인 베리 지방의 노앙으로 돌아왔다. 상드가 제공한 대저택의 안정된 환경 속에서 쇼팽은 작곡에 몰두했고, 그리하여 짧은 시간 안에 〈즉흥곡 제2번 f샤프단조, Op. 36〉, 〈피아노소나타 제2번 b플랫단조, Op. 35〉 등을 완성했다. 중간중간 파리를 오갔지만 노앙에서 보낸 8년의 시간이 없었다면 쇼팽의 걸작도 없었을 것이다.

❽ 런던 영국

마지막 연주 여행을 한 곳

죽기 한 해 전인 1848년에 쇼팽은 심신이 시들어 가는 가운데서도 영국해협을 건너 영국과 스코틀랜드를 여행했다. 그는 스털링과 어스킨 부인의 살뜰한 배려와 보살핌을 받으면서 빅토리아 여왕, 소설가 디킨스, 바이런의 부인 등 많은 사람들을 만났고, 몇 차례 연주회도 했다. 그러나 어딘지 불편하고 뒤숭숭한 날들이 이어졌고, 결국 그해 11월에 프랑스 땅을 다시 밟았다.

일러두기

― 단행본, 잡지 등 책으로 간주할 수 있는 것은 겹낫표(『 』)로, 책의 일부나 단편소설, 신문 등
　은 홑낫표(「 」)로, 미술, 음악, 연극 등의 작품명은 홑화살괄호(〈 〉)로 표기했다.
― 외래어 표기는 국립국어원 외래어표기법을 따랐으나, 관습적으로 굳은 표기는 그대로 허
　용했다.

쇼팽

×

김주영

폴란드에서 온 건반 위의 시인

arte

쇼팽 생가에 있는 피아노

1810년에 태어나 서른아홉 살에 눈을 감은 쇼팽은 그의 짧은 인생을 모두 피아노에 바쳤다. 일평생 거의 피아노를 위한 곡만 쓰면서 이 악기가 가진 무궁무진한 잠재력을 깨우고 발전시킨 그를 피아니스트들은 피아노의 독보적인 시인이라고 생각한다. 그런 그를 두고 프랑스 인상주의 작곡가 클로드 드뷔시는 "쇼팽은 피아노 하나만으로도 모든 것을 발견할 수 있었다"라고 했다.

CONTENTS

피아노의 시인을 찾아서

　엘리베이터를 탄다. 건물 밖의 전망이 보이고 내부가 넓은 엘리베이터 안에는 은은한 피아노 곡이 흐른다. 지나가면서 들으니 쇼팽의 녹턴이다. 아니 쇼팽의 녹턴이 아닌 다른 비슷한 곡일 수도 있다. 굳이 그럴 필요가 없는데 엘리베이터에 타면 모두 문 쪽을 바라보는 이유가, 문이 열리면 바로 내리려는 한국 사람들의 급한 성격 때문이라는 것을 떠올리며, '그래서 짧은 시간이지만 이런 편안하고 달콤한 음악이 필요하구나' 하고 생각한다. 단 피아노 소리를 만들어 내고 가르쳐야 하는 직업을 가진 내게 엘리베이터에서 듣는 쇼팽은 순간 귀가 쫑긋하게 할 따름이다.

　엘리베이터에서 내려 고급 레스토랑에 들어선다. 어디선가 또 피아노 소리가 들린다. 이번에는 쇼팽의 피아노소나타 중 한 구절이다. 어쩌면 쇼팽이 아닐 수도 있다. 인기가 많은 카페에 손님이 너무 많을 때 클래식 음악을 틀어 놓으면 손님들의 순환이 잘된다는 이야기를 듣고 놀란 적이 있다. 이와 상관없이 우아하고 고급스러운 식사 장소에 어울리는 부드러운 피아노 곡을 골라야 한다면 쇼팽의 플레이 리스트를 우선 검색할 일이다. 단 이번에도 내게는 해당되지 않는다. 밥을 먹으면서 내내 이 곡을 연주한 피아니스트는 누구일까, 저기는 왜 저렇게 칠까 궁금한 마음에 음식의 맛을 음미하기 힘들다.

몇 년 전, 간단하지만 그래도 전신 마취가 필요한 수술을 받으러 수술 대기실에 들어갔을 때였다. 대기실에 있는 환자들을 위한 음악, 피아노 곡이 들려온다. 이번에는 분명 쇼팽의 〈왈츠 제7번 c샤프단조, Op. 64-2〉다. 불안감과 공포심을 달래기 위해 들려주는 쇼팽의 피아노 곡이 별다른 효과를 보지 못하는 환자는 쓴웃음을 지었겠지만 마취 약 덕분인지 이내 편안한 잠에 빠졌다.

쇼팽의 피아노 곡들은 언제 어디서 들어도 아름답고 감동적이지만, 안타깝게도 피아노를 전공하는 학생이나 현역 연주자가 그것을 온전히 기쁘고 반갑게 받아들이기란 참으로 어려운 일이다. 대학 입시를 준비하는 학생은 쇼팽의 에튀드 한 곡에 20년 남짓 살아온 자신의 인생을 전부 걸어야 하고, 인정받는 피아니스트로 거듭나기 위해 만나야 하는 쇼팽의 작품들은 해도 해도 끝이 없다. 선생님이 되어도 고생은 계속된다. 두 눈을 부릅뜨고 가르치는 학생에게 독려와 호통을 반복하지만, 정작 자신도 해결하지 못하는 쇼팽의 악보들 앞에서 스스로 머리를 쥐어박기 마련이다. 도대체 쇼팽은 어오늘날 우리는 일상 곳곳에서 쇼팽의 음악과 만나지만, 피아노를 전공하거나 현역 연주자가 그의 음악을 편안하게 받아들이기란 참으로 어렵다. 후대의 수많은 피아니스트들을 좌절시킨 그는 도대체 어떤 사람이었을까?

떤 사람이었기에 이런 작품을 쓴 것일까?

피아노의 시인을 찾아 그의 길을 뒤따라 나서며 지금껏 피아노
와 함께 살면서 품어 온 쇼팽에 대한 수많은 궁금증을 풀어 오리라
마음먹었다. 하지만 여행은 예상대로 풀리지 않아야 제맛인 법. 가
는 곳마다 나의 물음표는 더 커져만 갔다. 시간이 천천히 흘러가는
것처럼 느껴지던 젤라조바볼라의 앞마당은 어린 프레데리크가 태
어났을 때와 얼마나 변했을까? 수많은 문화와 민족이 오고 가던 바
르샤바에서 프랑스계 혼혈 소년이 느낀 애국심의 실체는 어떤 것이
었을까? 파리 사교계에 등장한 변방의 청년을 바라보던 갖가지 시
선을 쇼팽은 어떻게 견뎌 냈을까? 그림처럼 아름다운 마요르카섬
에서 만난 겨울 추위에 상처 받은 것은 육체였을까 아니면 정신이
었을까? 노앙의 정원을 거닐며 구상한 아이디어는 모두 악보로 옮
겨졌을까? 열병과 같던 사랑을 끝내면서 상드는 피아노와 함께 힘
겹게 오르내리던 발데모사 수도원의 산길을 떠올렸을까? 어머니를
그리워하며 숨이 멎은 천재가 궁극적으로 가닿고자 한 예술의 경지
는 어디였을까? 다행스럽게도 질문과 고민보다 새롭게 만나는 상
황 때문에 생겨난 호기심이 훨씬 컸기에 어려운 탐험에 지치지 않
을 수 있었다.

두서없는 글은 쇼팽을 파고들며 불쑥불쑥 튀어나온 호기심을 에
너지 삼아 쓰였다. 호기심의 원천은 이전까지의 내 인식과 전혀 다
른 모습의 쇼팽을 만났다는 사실에서 비롯되었다. 빈틈 많고, 사치
스럽고, 까탈스럽고, 자괴감에 빠지고, 무엇보다 가장 아플 때 피아

노 앞에 앉아 작품을 창조해 낸 바로 그 쇼팽을 나는 공감하고 사랑하게 되었다. 독자 여러분도 내가 마주친 바로 그 프레데리크를 만나기를, 그리고 그를 사랑하는 만큼 그의 피아노 소리가 독자 여러분을 사랑하게 되기를 바란다.

그를 그대로
내버려 두시오

쇼팽의 나라

　여러 민족이 얽히고설켜 많은 부침을 겪은 폴란드는 참 여러 가지 얼굴을 가지고 있는 나라다. 뚜렷하게 떠오르는 이미지가 없어서일까? '평평한 땅'이라는 의미의 나라 이름은 온건함이나 편안함과 비교적 가까운 듯하다. 제법 넉넉한 땅을 가진 유럽 동북부의 나라, 농업과 공업이 골고루 발달하고 문화 전반에 대한 전통이 숨 쉬고 있으며 그에 대한 자부심이 강한 사람들이 사는 곳. 이런 인상과 함께 클래식 음악에 대한 지식을 조금만 가지고 있더라도 지나칠 수 없는 이름이 있다. 공항 이름부터 시작해 거의 모든 시설과 관광 관련 콘텐츠에서 볼 수 있는 인물, 바로 프레데리크 프랑수아 쇼팽이다.

　쇼팽의 음악은 폴란드의 다양한 모습이나 느낌 이상으로 다채롭고 오묘하며, 바라보기에 따라 셀 수 없이 많은 표정을 지니고 있다. 어디서, 어떤 기분으로, 누구와 듣느냐에 따라 재빨리 그 색채를 바

바르샤바 와지엔키공원에 있는 쇼팽 기념상

'폴란드-바르샤바-쇼팽'이 이제는 하나로 굳어 버린 연관어가 되었다는 사실은 도시 곳곳에 있는 관련 시설물을 통해서도 확실히 느낄 수 있다. 바르샤바에서 가장 큰 공원으로 도시의 랜드마크 역할을 하는 와지엔키공원의 한가운데에는 쇼팽 기념상이 있는데, 내향적이면서도

역동적인 낭만적 피아니즘의 거장 쇼팽의 풍모가 잘 담겨 있다. 폴란드의 조각가이자 화가인
바츠와프 시마노프스키가 디자인한 것이다. 해마다 5월부터 9월까지 매주 일요일이면 기념상
앞에서 무료 피아노 콘서트가 열린다.

꾸는 쇼팽의 피아노 음악은 그래서인지 내게서 멀어질수록 더 매력적인 속성을 가지고 있다. 생각할 거리, 느낄 거리를 끊임없이 제공한다는 점에서도 그의 피아니즘은 우리의 기대를 늘 신선하게 바꾸어 놓는다.

찬바람과 봄기운이 갈마드는 초봄 날씨에 찾은 바르샤바 와지엔키공원의 풍경은 적당히 스산하고 무심한 것이 전형적인 대형 공원의 모습이었다. 느슨함 가운데 편안함을 제공하는 봄의 공원은 한기를 온몸으로 받아들여 추위를 느낄 때까지 이리저리 쏘다니고 싶은 곳이기도 하다. 공원 한가운데 있는, 자주 공연 무대로 쓰이는 원형의 공간과 그 주인공인 쇼팽의 거대한 기념상은 예술가의 풍모와 음악을 모두 담으려 노력한 흔적처럼 보인다. 화사한 아름다움을 선사하지는 않지만 그의 음악에 숨어 있는 역동성이 실감 나게 드러나는 것이 마음에 든다.

바르샤바 시내에 빠른 속도로 만들어지고 있는 이른바 '쇼팽 벤치'는 그 곁을 지나치는 사람이라면 누구나 한 번쯤 머무르게 되는 매력적인 설치물이다. 벤치 한 편에 있는 버튼을 누르면 쇼팽의 피아노 곡이 흘러나오는 것이다. 내가 앉은 곳에서 나온 음악은 〈폴로네즈 제3번 A장조, Op. 40-1 '군대'〉였다. 폴로네즈의 기본 리듬을 충실히 지키는 가운데 단순한 정공법으로 만들어져 자연스레 흘러나오는 선율을 통해 음악 속 내재된 힘을 설명하려 한 명곡이다.

쇼팽의 숨결이 감싸고 있는 특별한 장소에서 들어서일까? 누구의 해석인지는 알 수 없지만 탄력을 한껏 머금은 루바토*가 별다른 변화 없이 다소 무뚝뚝하게 진행되는 다이내믹과 만나 당당한 품격과 거침없는 승리감을 나타내고 있었다. 나약함이나 의기소침은 한 치도 찾을 수 없는 그의 폴로네즈는 와지엔키공원에서 우연히 만나게 된 쇼팽의 또 다른 얼굴이 아닐 수 없었다. 누구도 다다를 수 없었던, 폴란드를 향한 사랑의 크기를 짐작하기 어렵지만 19세기 초 어지러운 포연이 자욱했던 동유럽의 역사를 생각해 보면 쇼팽이 만들어 낸 폴로네즈의 찬란함이 오히려 빛을 발하는 느낌이다.

쇼팽이 태어나기 한참 전인 1793년경으로 거슬러 올라가 보자. 이른바 폴란드의 제2차 분할이 일어났다. 프랑스혁명의 여파로, 모든 면에서 개화가 느리게 진행되고 있던 폴란드가 자극받을까 두려워한 이들이 있었다. 바로 당시 이 땅을 실질적으로 지배하고 있던 러시아와 프로이센이었다.

이듬해인 1794년에 타데우시 코시치우슈코라는 인물이 봉기를 일으켰다. 그는 리투아니아 태생의 군인으로, 유럽 각지에서 여러 경험을 쌓은 뒤 멀리 미국의 조지 워싱턴이 이끄는 독립군에서도 주요한 활약을 한 사람이었다. 크라쿠프 지방에서 일으킨 그의 봉기는 단순한 폴란드의 농민 봉기가 아니라, 일찌감치 동유럽에서 벗어나 프랑스를 포함하여 각지의 다양한 개혁 개방의 모습을 목격한 사람이 주도한 것이라 특이하다. 주목할 만한 점은 쇼팽의 아버지인 미코와이 쇼팽도 이 봉기에 적극적으로 참여했다는 사실이다. 프랑스 출신으로 우여곡절 끝에 폴란드에서 자리 잡은 지식인이었

---

* '도둑맞은 시간'이라는 뜻으로, 연주자가 임의로 템포를 바꾸는 것을 뜻한다. 미세한 리듬과 속도 조절로 감정 표현을 한다.

던 그가 바르샤바도 아닌 지방에서 시작된 전투에 몸담았다는 사실만으로도 흥미롭다.

미코와이는 프랑스 북동부의 마랭빌에서 1771년에 태어났다. 지역적인 특성 때문에 청년 시절부터 폴란드인들과 많은 접촉을 했던 그는, 마랭빌 인근에서 폴란드계 귀족의 영지를 관리하던 얀 아담 베이들리치라는 사람과 친하게 되면서 폴란드로 이주했다.

열여섯 살에 바르샤바로 거처를 옮긴 미코와이는 담배 공장에서 일하기 시작했는데, 1793년에 세 강국에 의한 폴란드의 영토 분할과 전쟁으로 직장을 잃고 말았다. 1794년 3월, 많은 기대를 안고 참전한 혁명에서도 부상을 당해 돌아온 그는 다행히 프랑스어를 가르치는 가정교사로 일하기 시작했다. 이 일은 그의 결혼 이후에도 가장 중요한 생업이 되었다.

바르샤바를 근거지로 삼고 있던 라친스키 가문을 거쳐 스카르베크 백작의 집안에서 일하게 된 것은 그의 나이 스물아홉 살 때였다. 6년 뒤인 1806년에 그는 테클라 유스티나 크시자노프스카라는 여성과 결혼했다. 바로 프레데리크와 그의 누나 루드비카, 여동생 이자벨라와 에밀리아의 어머니다.

유스티나는 1782년에 폴란드 쿠야비아크 지방에서 태어났다. 스물네 살의 나이에 결혼했으니 당시로서는 늦은 나이였다. 그 이유는 그녀가 스카르베크 집안에서 관리인으로 일하고 있었기 때문이다. 그녀는 스카르베크 백작 부인 집안과 먼 친척 간이었는데, 일찍이 부모를 잃고 스카르베크 가문의 대소사를 도와주며 살고 있었다. 미코와이와 가까워진 것은 외로움 때문이었을지도 모른다. 가

쇼팽 벤치

쇼팽의 숨결이 흐르는 바르샤바에는 앉아서 그의 음악을 감상할 수 있는 벤치가 곳곳에 놓여 있다. 벤치 한쪽에 있는 버튼을 누르면 음악이 나오는데, 각 벤치마다 나오는 곡이 다르며, 붙어 있는 QR 코드를 스캔하면 곡에 대한 정보도 알 수 있다. 2010년, 쇼팽 탄생 200주년을 기념해 설치한 것이다.

족과 이별하고 낯선 땅 폴란드에 자리 잡은 미코와이, 가족 없이 홀로 삶을 헤쳐 나가야 했던 유스티나 사이에는 강한 동질 의식이 흘렀으리라 생각된다.

우리가 더 주목해야 할 공통점은 따로 있다. 바로 부부가 취미로 즐기던 음악 활동이다. 미코와이는 바이올린과 플루트 연주를 할 수 있었고, 유스티나는 피아노와 노래 솜씨가 좋았다. 어린 프레데리크가 피아노를 처음 접한 것은 당연히 어머니를 통해서였는데, 피아노를 치며 노래하던 어머니의 모습은 그에게 잔상으로 오래 남았을 것이 분명하다.

젤라조바볼라 가는 길

바르샤바에서 서쪽으로 약 46킬로미터 정도 떨어져 있는 젤라조바볼라, 바로 이곳이 쇼팽이 태어난 곳이다. 생가에서 얼마 떨어지지 않은 브로후프의 성로슈교회에서 세례를 받은 날짜는 2월 22일이지만, 프레데리크의 '공식적인' 생일은 3월 1일로 되어 있다.

십수 년 전에 방문했을 때와는 다른 정경이기를 바라며 나는 쇼팽의 생가로 향했다. 바르샤바 중심지에서 차로 달리면 한 시간 남짓밖에 걸리지 않지만, 대중교통으로 가려면 초행길의 여행자에게는 쉽지 않다. 이른바 '폴란드-바르샤바-쇼팽'이라는 연관어는 음악가들에게는 너무나 당연시되거니와, 비행기에서 내려 처음 발을 딛는 국제공항의 이름에도 사용되었지만, 정작 음악 관광에 나선

이들을 적잖게 당황시키는 것은 젤라조바볼라 가는 길이다. 관광 도시보다는 문화 도시에 가까운 바르샤바의 정체성 때문일까?

젤라조바볼라로 가는 가장 좋은 방법은 바르샤바 중앙역에서 소하체프라는 소도시로 가는 열차를 타는 것이다. 한 시간 조금 못 되어 도착하는 작은 기차역 앞에서 젤라조바볼라로 가는 버스를 타면 간단하다. 하지만 워낙 차편이 적어 시간에 쫓긴다면 비싼 택시 요금을 감수해야 한다. 돌아오는 길은 이보다 간편하다. 생가 앞 안내소에서 근처 버스 정류장을 알려 주는데, 아무리 기다려도 버스가 도착하지 않을 듯한 작은 푯말 아래 서 있으면 정해진 시각에 맞추어 도착한 미니 버스를 탈 수 있다. 로컬 버스라 많이 붐비지만 바르샤바 중심지로 향한다.

폴란드 음악을 상징하는 위대한 인물을 찾아가는 길치고는 불편하지만, 그의 소중함을 아는 사람들만의 호젓한 공간이라는 느낌이 유지되고 있어 흐뭇하기도 했다. 내가 젤라조바볼라를 처음 찾았을 때는 8월 말 초가을이었는데 이번에는 봄의 초입이다. 사람들이 북적이는 생가 건물과 정원을 벗어나 5분만 걸어가면 인적이 드물고 보이는 것은 억새풀뿐인 심심한 시골 풍경이 펼쳐진다. 그런 점에서 젤라조바볼라는 예전과 크게 다르지 않았다. 아마 프레데리크가 태어났을 무렵에도 이렇게 평화로웠으리라.

작은 집 뒤켠으로 돌아가니 흰색 벽을 바라보고 의자들이 놓여 있고, 사람들이 집에서 흘러나오는 피아노 연주를 들으며 앉아 있었다. 놀랍게도 그 음악은 라이브로 연주되고 있는 것이었다. 청중은 말 그대로 '듣기만' 할 수 있었다. 피아노를 연주하는 공간이 너

쇼팽의 생가 앞에 있는 버스 정류장

쇼팽이 태어난 젤라조바볼라는 바르샤바에서 서쪽으로 약 46킬로미터 거리에 있는 작은 시골 마을이다. 생가를 조금만 벗어나도 인적 드물고 평화로운 시골 풍경을 만날 수 있으며, 인구는 100명도 채 되지 않는다. 생가 앞에 있는 버스 정류장은 한국 시골의 그것처럼 아무리 기다려도 버스가 오지 않을 것만 같다. 거장의 자취를 찾아가는 길은 꽤 불편하지만 대신 호젓함을 맛볼 수 있다.

무 좁아서 같은 공간에서 음악을 감상할 수가 없기 때문이다. 행운을 차지한 몇 명의 청중을 실내로 들일 수도 있겠으나, 모두가 공평하게 마당에서 만끽하는 편이 오히려 옳은지도 모르겠다. 크고 작은 쇼팽의 피아노 곡을 이어서 연주하는 피아니스트가 나와서 인사하면 청중은 기다리던 박수를 보냈다. 라이브 연주가 끝나도 넓은 정원 곳곳에 설치되어 있는 스피커에서 기분 좋은 볼륨으로 조정된 쇼팽의 음악이 계속 흘러나온다.

기념관이라고 표현하는 것이 더 적합한 생가의 모습은 대여섯 개의 방과 응접실이 이어진 구조로 되어 있다. 아늑한 느낌 대신 좁다는 느낌이 든다. 원래 스카르베크 백작의 이 집은 본채와 두 개의 별채로 되어 있었는데, 본채는 나폴레옹전쟁 때, 오른쪽 별채는 제1차 세계대전 때 소실되었다. 쇼팽의 가족은 왼쪽 별채에 살았는데, 하늘의 도움인지 이 건물만 살아남았다. 1928년, 폴란드 교육부가 후원하는 쇼팽위원회가 이 집과 정원을 정식으로 매입하여 1931년까지 재건했다. 정원의 모습은 해가 지나면서 점차 깔끔하게 다듬어져 가고 있으나, 집 안은 제2차세계대전 당시 나치가 가구들을 훔쳐간 것 외에는 재건 당시의 모습을 유지하고 있다.

두 스승

어린 프레데리크가 생후 7개월째 되었을 때, 그의 가족은 젤라조바볼라를 떠나 바르샤바로 이사했다. 스카르베크 백작이 파리로 떠낳기 때문이기도 하지만, 당시 사회 분위기에서 미코와이처럼 프랑스어를 가르칠 수 있는 선생의 인기가 갑자기 높아진 까닭도 있었다. 미코와이는 작센궁 터에 만들어진 기숙학교의 사택에서 학생들을 들여 프랑스어를 가르쳤다.

대부분 유력한 귀족 집안의 자제였던 학생들은 프레데리크와도 이내 친구 사이가 되었다. 건실함과 신중함으로 인맥을 넓혀 가던 미코와이와 그의 아들에게 이 시기는 매우 중요했다. 소년은 귀족의 아들들과 어울리며 기품 있는 매너와 화법을 익혔고, 방학이면 여러 곳에 있는 그들의 영지를 방문하여 시골 내음과 그곳 사람들의 노랫가락을 들었다. 짧지만 귀한 이 시간은 말할 것도 없이 프레데리크 평생의 음악적 자산이 되어 주었다.

어머니와 누이를 통해 약간씩 피아노를 배우며 시간을 보내던 프레데리크의 능력이 아마추어가 감당하지 못할 수준이라는 사실을 아는 데는 그리 많은 시간이 걸리지 않았다. 그의 첫 번째 공식적인 스승은 보이치에흐 아달베르트 지브니였다. 일부 자료에 따르면 스스로 요한 제바스티안 바흐에게 배웠다고 주장하기도 했다는데 연대가 맞지 않으며, 추구한 음악의 성향으로 보더라도 바흐의 아들

쇼팽의 생가

1810년, 쇼팽은 프랑스 출신의 아버지와 폴란드 출신의 어머니 사이에서 둘째이자 외아들로 태어났다. 아이의 이름은, 아버지를 프랑스어 가정교사로 고용한 프리데리크 스카르베크 백작에서 '프리데리크'를, 프랑스인 할아버지 이름에서 '프랑수아'를 따서 '프리데리크 프란치셰크'로 지었다. 쇼팽이 태어난 지 7개월이 되었을 때, 그의 가족은 이곳을 떠나 바르샤바로 이주했다. 그가 이곳에서 산 기간은 매우 짧았지만 그의 생가는 쇼팽의 팬이라면 반드시 들러야 할 성지로 꼽힌다.

들과 교류했다고 보기도 어렵다. 예순 살의 노인이던 지브니가 프레데리크를 가르치게 된 것은 미코와이와의 오래된 친분 때문이었으니, 자칫 스쳐 지나갈 수 있었던 절묘한 만남이었다고 하겠다.

보헤미아 출신으로 폴란드에서 자리 잡은 지브니는 피아노와 바이올린을 위한 실내악 외에 오케스트라를 위한 작품도 여럿 남긴 작곡가였으나, 주로 다룬 악기는 바이올린이었다. '피아노의 시인'을 가르친 첫 번째 스승이 피아니스트가 아니라 바이올리니스트였다는 사실은 놀라운 아이러니다. 그러나 이는 제자의 타고난 재질을 기존의 교육 방식으로 '건드리지' 않을 수 있는 좋은 조건이 되었다. 처음부터 피아노를 연주하는 방법을 별다른 어려움 없이 익힌 프레데리크에게 지브니 선생이 해 줄 수 있는 기능적인 조언은 많지 않았다. 스승의 기교를 진작에 뛰어넘었던 것이다.

지브니는 기술보다 더 중요한 측면에서 어린 소년에게 영향을 끼쳤다. 이른바 예술가의 취향과 지향점을 정립하고 오르고자 하는 궁극의 목표를 설정하는 일이었다. 스승은 소년에게 바흐와 프란츠 요제프 하이든, 볼프강 아마데우스 모차르트 등을 가르치며 이상적으로 받아들여야 할 음악으로 강조했고, 소년도 이를 거부감 없이 흡수했다. 반면 유럽을 강타한 루트비히 판 베토벤의 음악은 비판해야 할 대상이었다. 지브니 스스로도 좋아하지 않았지만 지나치게 강하고 당시로서는 파격적이었던 베토벤의 음악이 어린 제자에게 혼란스럽게 다가올 것을 우려했던 것이다. 지브니의 보수적인 성향은 어린 천재에게 고스란히 각인되었다. 그리하여 쇼팽은 평생 바흐의 〈평균율 클라비어 곡집, BWV 846~893〉을 성경처럼 신봉했고, 모차르트와 하이든의 마스터피스를 친근하게 느끼는 과거 지향적인 음악가로 성장했다.

프레데리크의 다음 선생님도 지브니와 비슷한 보수적인 인물이었다. 슐레지아 출신의 독일인 요제프 엘스너는 처음에는 의학을 공부하려 했지만 바이올린을 배워 브레슬라우 등의 오페라극장에서 연주자로 경험을 쌓았다. 바르샤바에 살기 시작한 것은 1799년부터였다. 1815년에 음악협회를 만들어 이를 기초로 1821년에 바르샤바음악원을 개원했는데, 어린 쇼팽을 만난 것도 이즈음이었다. 그는 작곡가로 많은 작품을 남겼는데, 오페라와 오라토리오, 미사곡 등 성악과 종교 작품이 주 분야였다.

음악원의 교장이라는 상징적인 지위도 있었지만, 엘스너는 무한한 가능성을 지닌 어린 제자의 능력을 믿고 자유로운 사고를 할 수 있도록 허락했다. 지브니와 마찬가지로 엘스너도 민족주의적 성향이 강했는데, 어려서부터 바르샤바 음악계의 주목을 받은 쇼팽에게 국민정신이 담긴 오페라를 쓰도록 권유했다는 사실은 매우 흥미롭다. 만약 엘스너의 의지가 쇼팽을 설득했다면 우리는 매우 독창적인 이미지의 폴란드 오페라를 듣게 되었을지도 모른다.

천재의 첫 작품

하지만 쇼팽은 자신의 기질과 한계에 대해 명확한 선을 긋고 스스로 자신 있는 분야가 아니면 소극적인 자세를 취했다. 그는 일찍부터 자신의 생을 바칠 곳이 오로지 건반 위라는 것을 알았다. 애국심을 표현하기 위한 방식으로도 피아노 곡은 부족함이 없었다. 불과 일곱 살의 나이에 발표한 첫 작품이 폴로네즈라는 사실은 그런 면에서 의미심장하다.

춤곡이자 악곡의 한 형태이기도 한 폴로네즈의 역사는 16세기 중반까지 거슬러 올라간다. 왕궁에서 왕족과 귀족이 추기 시작한 춤의 모양은 긴 행렬과 연관이 있다. 왕의 즉위식이나 군대의 개선 행진, 농민이 추는 기쁨의 춤 등이 모두 길게 늘어선 줄에서 함께한다는 공통점을 가지고 있다. 빠르지 않은 3박자의 폴로네즈는 기품과 건강함을 그 본질로 지니고 있는바, 쇼팽의 어린 시절 외세의 침략이 강해지면서 깨어난 민족의 결속력과 깊은 관계를 맺고 유행했다.

여덟 살의 젊은 작곡가는 피아노를 연주하며 어떤 어려운 곡도 무서울 정도로 쉽게 요리한다. 이미 여러 곡의 폴로네즈와 변주곡을 만든 그가 독일이나 프랑스에서 태어났더라면 이미 전 유럽에서 유명한 인물이 되었을 것이다.

— 1818년 1월, 『파미엔토닉 바르샤프스키』에 실린 기사 중

쇼팽의 〈폴로네즈 g단조〉에 대한 언급이다. 작곡가 사후에 유작으로 출판된 이 작품은 스카르베크 백작의 딸인 빅토리아에게 헌정한 것이다. 3분 남짓 걸리는 소품이지만, 놀라운 천분이 발견되는 흥미로운 곡이다. 짧은 인트로 뒤에 나오는 멜로디는 단순한 펼침화음(아르페지오)으로 꾸며져 있으나 센티멘털한 매력을 느낄 수 있

폴로네즈 춤을 추는 커플

빠르지 않은 4분의 3박자로 된 폴란드 고유의 춤곡을 의미하는 폴로네즈는 쇼팽 당시 바르샤바 상류 사회에서 인기를 끌면서 피아노 음악의 장르로 자리매김했다. 쇼팽은 아달베르트 지브니에게 피아노를 배우기 시작한지 얼마 되지 않은 일곱 살에 생애 처음으로 폴로네즈 곡을 작곡했다. 바로 〈폴로네즈 g단조〉가 그것으로, 쇼팽의 타고난 재능을 발견할 수 있는 소품이다.

으며, 마무리하는 수법도 세련되었다. 트리오(중간부)는 밝고 앙증맞은 분위기로 바뀌는데, 마치 모차르트 소나타의 한 대목처럼 느껴져 소년의 관심사를 자연스레 엿볼 수 있다.

이른바 즉흥연주는 작곡가의 능력을 평가하는 중요한 덕목 중 하나다. 자신의 판타지를 자유롭게 나타낼 수 있는 음악성의 소유자는 이미 예술가의 길에 한 걸음 들어섰다고 할 수 있는데, 쇼팽의 첫 작품도 이런 즉흥연주로 만들어졌다는 사실이 확인되었다. 일곱 살의 아이는 아직 악보를 그릴 줄도 몰랐다. 〈폴로네즈 g단조〉는, 쇼팽이 떠오른 악상을 그대로 건반 위를 훑듯이 연주하면 지브니 선생이 그 내용을 악보화하여 받아 적는 식으로 만들어졌다. 어린이의 작곡 방법으로는 지극히 자연스러운 과정이라고 할 수 있는데, 『파미엔토닉 바르샤프스키』 리뷰에서 이미 여러 곡을 작곡했다고 한 것도 이런 즉흥연주를 통한 창작 방식을 고려하면 틀린 말이 아니다.

쇼팽은 열한 살 때 작곡한 〈폴로네즈 A플랫장조〉에서 뒤늦게 스승의 은혜를 갚았다. 첫 작품 〈폴로네즈 g단조〉는 스카르베크 집안에 헌정했지만, 애교 넘치는 이 폴로네즈의 맨 위에는 지브니 선생의 이름이 올려져 있다. 앞의 작품에 비해 전반적으로 밝고 귀여운 분위기이며, 트리오에서도 놀랄 만한 기분의 반전은 눈에 띄지 않는다.

이 곡에서는 작곡 기법보다 연주 기교 면에서의 발전이 두드러진다. 음과 음 사이의 간격이 넓어지고, 트릴 등 현란하고 장식적인 움직임이 자주 등장하는 점과, 옥타브 패시지가 자신 있게 나타나는 현상은 소년의 손이 성인의 그것만큼 커졌다는 사실을 의미한다. 특별히 장신은 아니었지만 쇼팽의 손은 크고 손가락도 긴 편에 속했으며, 이는 앞으로 만들 작품들에서 충분히 증명된다. 무엇보다 펼침화음의 다양한 사용은 쇼팽 피아니즘의 기법적 핵심을 이루는데, 이미 될성부른 싹을 틔워 내고 있었다.

지브니가 피아노 음악과 그 표현의 첫발을 내딛게 해 주었다면, 엘스너는 대위법을 중심으로 작곡법의 기초를 확립시킴으로써 프로 음악가로서의 진취성을 길러 주었다. 천재를 기르고 응원하는 방법은 참으로 어렵다. 두 스승의 방법은 조심스러우면서도 일관성 있게 진행되어 탁월한 결과를 낳았는데, 재미있는 공통점이 있었다. 바로 최대한의 선까지 허용하는 '방임'이 그것이었다. 지브니는 소년이 수업 시간에 집중하지 않고 멋대로 건반을 두드려도 약간의 주의만 주었을 뿐이고, 엘스너는 화성법의 기본 원리를 벗어난 진행을 작품 속에 써 놓은 것을 보아도 허용했다. 일부 비판적인 의견이 쇼팽에 대한 우려를 표시해도 엘스너의 뜻은 확고했다. "그를 그대로 내버려 두시오. 그는 자신만의 방식으로 연주합니다. 지금까지의 흔한 방법이 아니라는 말입니다."

02

FRÉDÉRIC CHOPIN

변방에서
중심으로

10대의 쇼팽

예술가의 성장에 절대적인 영향을 끼친다고 할 수 있는 주변 환경은 부모가 만들어 내는 경우의 수가 어떤 방향으로 향하느냐에 따라 예상하지 못한 결과로 이어진다. 모차르트의 아버지인 레오폴트 모차르트는 뛰어난 음악가이자 교육자로 훈육에 뛰어났다. 아이들을 데리고 유럽 전역을 누비며 일찌감치 주옥같은 예술 세계로 들어서도록 한 것은 아무리 칭찬해도 모자라지 않지만, 음악 외적인 면에 대한 고려가 없었기에 아들을 한쪽으로만 뛰어난 천재로 성장시켰다.

베토벤의 아버지 요한 판 베토벤은 실력 있는 테너 가수였지만 와인의 유혹에 이기지 못해 알코올중독자로 아쉬운 일생을 살았다. 아들의 재능을 발견한 것도 조금 늦었는데, 기울어진 집안을 아들을 통해 살려 보려는 노력을 하기는 했으나 강압적인 면이 없지 않았다. 베토벤은 모차르트와 늘 비교당하고 아버지 때문에 자신의 나이도 두 살 어리다고 속고 살았지만, 안팎으로 어려워진 집안 형편 때문에 소년 가장으로 일하며 일찍 철이 들었으니 운명의 장난이 아닐 수 없다.

그런 면에서 미코와이는 아들이 나름대로 균형 잡힌 인격을 갖도록 도와준 괜찮은 아버지였다. 프레데리크의 유년시절, 또 하나 주목해야 할 사실은 아버지가 성실하게 노력해서 쌓은 바르샤바의 인맥을 통해 지브니와 엘스너 같은 훌륭한 교사들을 아들에게 붙여 주었음에도 불구하고 결코 아들이 전문 음악가가 되는 것을 바라지 않았다는 점이다. 미코와이는 아들이 훌륭한 기품과 매너를 갖춘 신사가 되기를 바랐으며, 당대의 인식으로는 품위 있는 직업이라고 보기 힘든 음악의 길로 들어서는 데 관심이 없었다. 물론 아들의 엄청난 재능으로 인해 운명이 결정된 뒤에는 누구보다도 큰 응원군이 되어 주었지만 말이다. 아버지는 아들이 자신의 곁을 떠난 뒤에도 편지를 통해 사람들을 대하는 매너와 처세, 근검절약 등 삶의 기본으로 필요한 것을 수시로 훈계했다. 사치하다는 소리를 들을 만큼 자신을 치장하고 꾸미는 것을 좋아했던 쇼팽에게 아버지의 잔소리는 매우 요긴했다.

미코와이가 선생으로 일하던 바르샤바리시움은 프레데리크의 어린 시절 교우 관계의 처음이자 마지막이었다고 해도 과언이 아니다. 이 시기 프레데리크는 도미니크 제바노프스키, 티투스 보이치에호브스키, 율리안 폰타나, 그리고 요절한 얀 비야요비요츠키 등 상류층 집안의 자제들과 친하게 지낼 수 있었는데, 서유럽에 비해 귀족과 평민의 신분 격차가 엄격하지 않았기 때문이기도 하다.

쇼팽이 살았던 바르샤바 카지미에르조프스키궁

쇼팽의 아버지 미코와이가 1810년부터 프랑스어를 가르쳤고, 어린 쇼팽도 다닌 기숙학교 바르샤바리시움은, 17세기에 국왕 얀 2세 카지미에슈 바자를 위해 지은 카지미에르조프스키궁 안에 자리하고 있었다. 명문 집안 자제들을 위한 기숙학교인 이곳에는 교사들의 사택이 따로 널찍하게 마련되어 있었으며, 교사들은 각자 기숙생 대여섯 명을 자기 집에 들여 가르쳤다. 쇼팽 가족은 이곳 2층에서 살다가 차프스키궁으로 옮겨 갔다.

특히 티투스에 대한 언급을 빼놓을 수 없다. 현재 우크라이나의 한 지역인 르부프에서 태어난 티투스는 정치가이자 농민운동가로 이름을 남겼으나, 인명 사전 등을 보면 '쇼팽의 절친'으로 더 알려져 있다. 바르샤바대학에서 법학을 공부했고, 1830년 11월 러시아에 맞선 봉기 때 참여하여 훈장을 받았다. 쇼팽의 빈 이주 뒤 잠시 함께 방을 구해 살기도 했지만, 티투스는 봉기에 뛰어들기 위해 폴란드로 떠났고 그것이 두 사람의 마지막이 되었다.

쇼팽은 사망하기 직전 티투스가 벨기에에 와 있다는 소식을 듣고 병중임에도 여행을 시도했으나 끝내 일어나지 못했다. 티투스는 결혼해서 네 명의 자식을 두었는데, 둘째 아들의 이름을 프레데리크라 함으로써 친구와의 우정을 영원히 추억했다. 쇼팽과 달리 티투스는 건강하게 장수했다. 폴란드 농토에 윤작법을 최초로 도입했고, 설탕 공장을 처음으로 설립하는 등 농업 분야에서 개척자적인 면모를 보였다.

10대의 쇼팽은 우리가 흔히 알고 있는 병약한 이미지와는 거리가 멀었다. 그렇다고 육체적 에너지가 넘치는 것도 아닌, 그저 호리호리하고 동작이 가벼운 젊은이였다. 반면 티투스는 근육질의 남성미를 뿜냈으니, 두 사람이 어울리면 누가 누구에게 의지했는지 충분히 그림이 그려진다. 티투스를 생각하는 쇼팽의 마음은 매우 애틋해서 편지를 쓸 때마다 자신이 그를 얼마나 좋아하고 믿는지 털어놓았다.

내가 가장 사랑하는, 목숨과도 같은 티투스! 난 널 사랑하고 있다는 걸 알아. 너도 날 더 많이 사랑해 주었으면 해. 그래서 이런 말을 끄적이고 있어.

— 쇼팽이 티투스에게 보낸 편지 중

쇼팽의 섬세하다 못해 여성적인 기질 때문에 두 사람의 관계를 친구 이상으로 보려는 시각도 있지만, 동성애적 성향을 발견할 수 있는 증거는 보이지 않는다. 쇼팽이 티투스의 어떤 점에 끌렸는지는 불분명하지만, 이른바 '물리적인 힘'과 '강함'에 대한 동경은 지인들과의 대화나 그의 작품들에서 자주 나타나는 화두다. 그가 떠올린 폴란드인의 건강미는 많은 부분 티투스에게서 온 것이 아니었을까?

강한 우애는 신뢰로 이어졌다. 쇼팽은 아무에게도, 분명 부모님에게도 말하지 못한 이성에 대한 관심이나 고민 등을 티투스에게만은 털어놓았던 것 같다. 1826년, 스승 엘스너와 부모님의 권유로 바르샤바음악원에 들어간 쇼팽은 졸업반이 된 1829년 초부터 성악과 학생인 소프라노 콘스탄챠 그와트코프스카를 짝사랑하게 되었다. 초상화로만 보아도 깜찍하고 매력적인 콘스탄챠는 단숨에 열아홉 살 쇼팽의 감성을 뒤흔들었다. 그의 작품 속 멜로디가 매우 성악적이며 사람의 목소리를 이상으로 삼았다는 사실은 의심의 여지가 없는바, 그의 마음을 흔들어 놓는 데 콘스탄챠의 목소리도 한몫했을 것이다.

안타깝게도 난 내 이상형을 발견했어. 최근 반년 동안 밤마다 그녀

쇼팽이 살았던 바르샤바 차프스키궁의 거실

쇼팽의 가족은 막내인 에밀리아가 죽고 나자 1827년에 차프스키궁으로 옮겨 1830년까지 살았다. 이때는 쇼팽이 바르샤바음악원에 다닐 무렵이다. 폴란드를 떠나기 전 그가 마지막으로 살았던 이곳은 그의 심장이 묻혀 있는 성십자가성당과 이웃해 있으며, 현재는 바르샤바미술 아카데미로 사용되고 있다.

가 나오는 꿈을 꾸었지만, 아직 그녀에게 한마디 말도 꺼내지 못했어. 그렇게 그리워하면서 협주곡의 아다지오를 작곡했어.

— 1829년 10월 3일, 쇼팽이 티투스 보이치에호브스키에게 보낸 편지 중

'안타깝다'는 표현이 이색적인데, 아마도 바르샤바를 떠나 조만간 새로운 곳에서 인생을 시작할 계획을 떠올렸기 때문일 것이다. 그의 앞날이 자신만의 의지로 결정되었다고 할 수는 없지만, 그런 각오를 하게 된 데는 이 편지를 쓰기 직전인 그해 여름에 떠난 빈 여행이 많은 영향을 주었을 것이다.

변방 신인의 첫걸음

그것은 친구들과 함께한, 다분히 즉흥적인 여행이었다. 한 해 전인 열여덟 살에도 쇼팽은 베를린을 여행한 적이 있다. 당시 자신이 기대한 문화 수준에 많이 못 미친다며 베를린에 실망했던 쇼팽은 음악의 수도 빈에 도착하자마자 그동안 이루고자 한 자신의 작품 발표와 연주를 선보이기 위해 동분서주했다. 폴란드 출신의 지인들과 함께 유명한 하슬링거출판사를 찾아가 신작 출판을 의뢰하기도 했고, 8월 11일에는 케른트너토르극장에서 열린 음악회에 출연했으니 매우 운이 좋았다고 할 수 있다. 이 음악회의 메인 프로그램은 〈오페라 '돈조반니' 중 '자 서로 손을 잡고' 주제에 의한 변주곡, Op. 2〉였는데, 청중의 반응은 뜨거웠다. 이 곡은 오케스트라 반주가 함께하는

협주곡 형태로, 관현악은 보조 역할만 하고 솔로 피아노가 전곡을 주도한다. 집에 보낸 편지를 보면 쇼팽이 얼마나 신이 났는지 알 수 있다.

> 변주들이 끝날 때마다 사람들이 박수를 쳐 대는 통에 중간중간 나오는 오케스트라 소리가 들리지 않을 정도였어요.
>
> — 1829년 8월 12일, 쇼팽이 부모님에게 보낸 편지 중

이날의 성공은 정확히 일주일 뒤인 1829년 8월 18일 앙코르 공연으로 이어졌다. 여기서는 변주곡과 함께 1828년에 작곡한 〈연주회용 론도 '크라코비아크' F장조, Op. 14〉도 함께 무대에 올렸다. 언론은 일제히 폴란드에서 온 젊은 천재의 기품 있는 음악성과 절제된 자세, 고상한 예술성에 대해 호평했다.

영혼의 친구 티투스에게 헌정한 〈오페라 '돈조반니' 중 '자 서로 손을 잡고' 주제에 의한 변주곡, Op. 2〉는 작곡 당시 열일곱 살이던 쇼팽의 음악성을 집약해 놓은 문제작이자 최초의 성공작이다. 젊은 작곡가이자 현란한 글솜씨를 자랑하는 문필가이기도 했던 로베르트 슈만은 이 곡의 악보를 보자마자 '진짜'를 만났다는 느낌에 강하게 사로잡혔다. 그가 남긴 "여러분, 모자를 벗으시오. 천재요!"라는 말은 찬란한 신인 예술가의 등장을 알리는 명구가 되었다. 그런데 정작 이 평을 들은 쇼팽의 반응은 심드렁 그 자체였다. "이 독일인은 도대체 무슨 우스꽝스러운 이야기를 하는 거지?"

작품은 길고 장식적인 서주와 주제, 이어지는 다섯 개의 변주, 폴

라카 리듬을 지닌 흥겨운 피날레로 이루어져 있다. 유명한 멜로디의 주제는 모차르트의 오페라 〈돈조반니〉에 나오는 조반니와 체를리나의 이중창에서 따왔는데, 주제 선택은 엘스너의 권유가 강하게 작용한 것으로 알려졌다.

조성은 B플랫장조로, 깊이가 느껴지는 왼손 반주에 의해 오른손으로 주제가 연주된 뒤 짧은 오케스트라의 리토르넬로(후렴 악구)가 이어지고 변주가 진행된다. 셋잇단음표로 움직이는 화려한 1변주, 양손 유니즌(같은 음을 연주) 진행이 인상적인 2변주, 32분음표로 진행되는 장식적인 왼손 패시지들이 주를 이루는 3변주, 아찔한 양손 도약이 손에 땀을 쥐게 하는 4변주를 지나 5변주는 단조로 이루어진 느린 변주다. 피날레는 알 라 폴라카(폴라카풍으로)라는 지시어가 붙은 무곡풍의 변주로, 확대된 마디들에서 작곡가의 즉흥성과 상상력이 극대화된다.

앙코르 무대에서 선보인 〈연주회용 론도 '크라코비아크' F장조, Op. 14〉는 파리에 진출한 이후에 출판되어 작품 번호는 늦지만 작곡 당시 열여덟 살이었던 쇼팽의 호기를 느낄 수 있다. 변방의 신인이 쓴 작품이지만 이 곡은 나름대로 당시의 유행에 기댄 곡이라고 할 수 있다. 오케스트라가 반주 역할에 충실하고 시종 피아노가 기둥 줄거리를 엮어 가는 모습은 모차르트 이후 최고의 건반악기 작곡가로 이름을 날린 요한 네포무크 훔멜이나 카를 마리아 폰 베버 등의 수법과도 닮았다. 성공적인 연주를 위해 빈틈없이 준비한 쇼팽은 이 곡에서 피아노 파트뿐만 아니라 관현악의 마무리에도 정성을 다했다. 원래 빈에서의 첫 무대 마지막 곡으로 연주하려던 계획

빈의 최대 번화가인 케른트너가

바르샤바음악원을 졸업한 열아홉 살의 쇼팽은 조만간 새로운 곳에서 인생을 시작할 계획을 떠올리며 친구들과 음악의 수도 빈을 여행했다. 그는 하슬링거출판사를 찾아가 자신의 작품 출판을 타진하는가 하면, 루트비히 판 베토벤의 〈교향곡 제9번 d단조, Op. 125 '합창'〉이 초연 되었던 유명한 케른트너토르극장 무대에 당당히 올라 데뷔 연주회를 했다. 그의 음악회에 대한 빈 사람들의 반응은 뜨거웠고, 일주일 뒤 앙코르 공연으로 이어졌다.

을 바꾸어 앙코르 무대에서 초연하게 된 것도 관현악 파트를 보완하기 위해서였다.

안단티노로 시작하는 론도 서주는 달콤하면서도 어딘가 동양적 색채가 느껴지는 피아노 멜로디로 이루어져 있다. 이 도입부에 대해 쇼팽은 스스로 큰 자신감을 가지고 있었다고 하는데, 그 스스로는 세련된 빈 스타일과 어울린다고 여겼을지 모르나 그보다는 때 묻지 않은 폴란드 농민들의 순순한 노랫가락이 더 두드러진다.

기교적인 느낌의 패시지들을 지나 알레그로의 론도 부분에서는 본격적인 폴란드 농촌 풍경이 펼쳐진다. 크라코비아크는 폴란드 남부의 도시 크라쿠프 쪽에서 많이 추던 춤곡의 이름이다. 빠르지 않은 4분의 2박자로 당김음 리듬이 인상적인데, 상큼하면서도 발랄한 느낌의 주제, 하행하면서 약간의 센티멘털을 품은 부주제가 번갈아 등장하며 전개된다. 피아노가 잠시 쉬는 동안 분위기의 전환과 확대 역할을 맡은 관현악 부분은 이 곡 뒤에 만든 두 개의 협주곡보다 오히려 더 충실해 이색적이다.

쇼팽은 주로 프랑스어권에서 활동하게 되지만 빈에서 치른 성공적 데뷔는 젊은 거장의 첫 발자국이라는 점에서 의미 있는 일이었다. 또한 낭만 시대 초기의 대가들이 명멸하던 과도기적 시기에 자신의 존재감을 서유럽이라는 음악의 메이저리그에 당당히 알린 사건이기도 하다.

유년기의 교육과 성장 과정, 지역과 시대가 모두 다르지만 야망과 꿈을 안고 음악의 수도에 들어온 작곡가들의 이름이 떠오른다. 모두 연주보다는 작곡에 뜻을 두었지만, 자신의 작품을 알리기 위해서는 인상적인 연주로 무대에서 어필하는 것이 가장 효과적임을 알고 있었다. 1792년 스물두 살의 베토벤이 그러했고, 1862년 서른 두 살의 요하네스 브람스도 비슷했다.

고집과 자존심을 한쪽으로 숨기고 하이든 등의 선배들에게 가르침과 조언을 얻어 피아노삼중주와 소나타 등을 만들며 절치부심한 베토벤의 데뷔는 노력한 만큼의 효과를 얻었다고 할 수 있을 만큼 센세이셔널했다. 반면 이미 국제적인 명성을 얻었지만 빈에 정착하기로 마음먹은 브람스는 오케스트라 작품만큼이나 자신 있던, 피아노가 포함된 실내악으로 빈의 청중과 평단을 공략했다. 언제 들어도 그 뜨거운 감성과 리듬으로 가슴을 두근거리게 하는 '집시풍 론도'가 들어 있는 〈피아노사중주 제1번 g단조, Op. 25〉가 브람스의 '킬러 콘텐츠'였다. 공교롭게도 쇼팽이 빈 무대에 데뷔한 해는 이 두 사람의 중간쯤인 1829년으로, 그의 나이 열아홉 살 때였다.

첫사랑에게 띄우는 연서

1829년 9월, 바르샤바로 돌아온 쇼팽은 음악을 포함한 모든 것에 대한 눈높이와 귀높이가 올라가 있었다. 그럴 수밖에 없었을 것이다. 아울러 '피아노를 연주하는 작곡가'에게 필수적인 레퍼토리, 한 방에 청중을 사로잡을 수 있는 작품의 필요성에도 공감했다. 피아니스트로서의 비르투오시티를 뽐낼 수 있는 커다란 협주곡을 만들어야 하는 때가 온 것이다.

쇼팽은 곧바로 피아노협주곡 작업에 착수했다. 더 큰 세상으로 향하는 출발점이자 피아니스트로서 자신의 명인기를 본격적으로 나타내고자 하는 욕망이 창작욕을 부추겨 연말에 이미 완성한 것으로 보인다. 〈피아노협주곡 제2번 f단조, Op. 21〉은 1830년 초에 비공식적인 연주와 수정 작업을 거쳐 3월 17일 바르샤바국립극장에서 열린 쇼팽 귀국 연주회의 주요 레파토리로 소개되었다.

사실 이 음악회 역시 처음부터 계획된 것은 아니며, 협주곡의 사전 발표회에서 반응이 너무나 뜨거워 주변 사람들의 강력한 권고로 마련된 자리였다. 음악회장의 800석이 모두 찼다. 민족주의 성향의 오페라를 많이 작곡한 카롤 쿠르핀스키가 지휘를 맡은 이날 연주에서는 쇼팽의 작품과 함께 엘스너의 작품도 연주되었다. 청중의 반응도 열광적이었으며, 이날의 흥행으로 쇼팽은 처음으로 경제적 수익도 얻었다.

닷새 후에 열린 앙코르 공연에서는 〈연주회용 론도 '크라코비아크' F장조, Op. 14〉도 무대에 함께 올렸다. "청중이 (콘스탄챠를 향한) 내 마음은 몰랐겠지만, 이런 진지한 음악을 어떻게 음미하는지 잘 이해하고 있었다고 생각해." 연주회 직후 쇼팽은 티투스에게 행복하게 털어놓았다.

마에스토소(장엄하게)라는 지시어가 붙어 있는 〈피아노협주곡 제2번 f단조, Op. 21〉 1악장은 엄격한 소나타 형식을 따르고 있으며, 대체로 고전파적인 성향이 강하게 느껴지지만 악장 말미에 카덴차가 없다는 점이 다르다. 우수 어린 f단조의 1주제와 달콤한 A플랫장조의 2주제는 완만하지만 교묘한 악상 전개로 감성의 소용돌이

열아홉 살의 쇼팽

빈에서 성공적인 데뷔 연주회를 하고 젊은 거장의 출현을 알린 쇼팽은 바르샤바로 다시 돌아왔다. 하지만 그의 앞에 놓인 조국의 현실은 어수선하고 불안할 뿐이었다. 그런 가운데 그는 피아니스트로서의 비르투오시티를 드러낼 수 있는 큰 규모의 곡 작업에 착수하여 〈피아노협주곡 제2번 f단조, Op. 21〉을 1830년 3월 17일 귀국 연주회에서 선보였다. 청중의 반응은 열광적이었고, 닷새 뒤에 다시 앙코르 연주회를 하게 되었다.

를 만들어 낸다. 콘스탄챠를 향한 사랑 노래인 2악장 라르게토(느리게)는 순수함이 묻어나는 멜로디와 이를 꾸미는 화려한 장식음들이 깊은 정서를 만들어 내는 명곡이다. 쇼팽의 작품 전체를 통틀어 청춘의 떨림을 이토록 절절하게 나타낸 작품은 찾아보기 힘들 정도다. 론도 형식의 3악장에서는 민속 춤곡인 마주르카풍의 리듬과 우아한 악상을 지닌 1주제와 익살스러운 느낌의 2주제가 번갈아 나오며, 확대된 구성의 코다(종결부)에서는 셋잇단음표를 중심으로 한 작곡가 특유의 기교적인 패시지들이 나타나 멋진 마무리를 한다.

이 작품은 그의 첫 번째 피아노협주곡이지만 일련번호로는 제2번이다. 뒤에 만든 〈피아노협주곡 제1번 e단조, Op. 11〉보다 늦게 출판된 것이 이유였는데, 이 작품으로 인해 1830년 말 빈을 재방문했을 당시 출판업자 하슬링거와 갈등을 겪기도 했다. 첫사랑에게 보내는 시인의 연서 그 자체임에도 쇼팽은 이 곡을 콘스탄챠 대신 델피나 포토츠카 백작 부인에게 헌정했다.

1830년 11월, 쇼팽은 빈 재방문을 위해 떠난 여정 중 잠시 체류한 드레스덴에서 포토츠카 백작 부인을 처음 만났다. 이후 두 사람은 마음 맞는 친구가 되었고, 파리에서도 자주 만나 우정을 나누었다. 포토츠카 백작 부인은 폴란드에서 프랑스로 망명한 인사들이 출입한 살롱의 중심인물로, 미모를 겸비한 소프라노이기도 했다. 파리 외에도 나폴리, 니스 등에서 거주했다. 쇼팽이 사망하기 이틀 전 소식을 듣고 니스에서 달려와 그가 듣고 싶어 하는 게오르크 프리드리히 헨델의 아리아를 불러 주었다는 기록이 남아 있다. 어린이들이 좋아하는 소품으로 '강아지 왈츠'라고도 불리는 〈왈츠 제6번 D플랫장조, Op. 64-1〉도 포토츠카 백작 부인에게 헌정한 것이다.

마음속 천 가지의 추억을 떠올리며

쇼팽은 〈피아노협주곡 제2번 f단조, Op. 21〉로 콘스탄챠에게 사랑을 고백했지만 아직은 일방적인 짝사랑에 불과했다. 이 곡의 느린 악장보다 좀 더 진하고 적극적이며 에로틱한 정서를 풍기는 로만체가 쓰인 것은 그해 5월이었다. 이 곡이 바로 〈피아노협주곡 제1번 e단조, Op. 11〉의 2악장이다. 쇼팽은 자신의 작품에 대해 이러쿵저러쿵 분석하는 일이 매우 드물었는데 이 작품만은 예외였다.

> 새로 작곡한 협주곡의 느린 악장은 세게 연주하면 안 된다. 그보다는 낭만, 고요함, 우수를 살려야 하는 곡이다. 마음속 천 가지쯤의 소중한 추억을 불러일으키는 어떤 곳을 조용히 바라보고 있다는 느낌을 주어야 한다. 맑게 갠 봄날, 달빛 아래 명상하는 느낌이 드는 곡이다.
> ― 1830년 5월 15일, 쇼팽이 티투스에게 보낸 편지 중

또한 협주곡의 오케스트라 반주 스케치를 완성하고 티투스에게 보낸 편지에는 들뜬 마음이 엿보인다.

> 이 곡을 쳐 보면 내가 피아노를 전혀 몰랐을 때로 돌아가는 것 같

쇼팽의 첫 번째 협주곡의 악보

1829년 가을에 쓰기 시작하여 1830년에 완성한 〈피아노협주곡 제2번 f단조, Op. 21〉은 제1번 협주곡보다 먼저 만들었지만 더 늦게 출간되는 바람에 제2번이 되었다. 그 무렵 짝사랑하고 있던 콘스탄챠 그와트코프스카를 향한 마음을 담고 있는 곡이지만, 콘스탄챠 대신 델피나 포토츠카 백작 부인에게 헌정했다. 청춘의 떨림을 절절하게 표현한 2악장 라르게토가 특히 많은 사랑을 받고 있다.

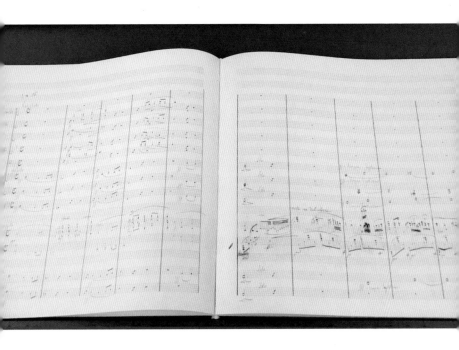

아. 너무 새롭고 신선해서 잘 연주하지 못하고 끝날까 봐 걱정이지.

— 1830년 9월 22일, 쇼팽이 티투스에게 보낸 편지 중

〈피아노협주곡 제2번 f단조, Op. 21〉에 비해 훨씬 크고 장대해진 〈피아노협주곡 제1번 e단조, Op. 11〉의 1악장은 소나타 형식이 엄격히 나누어져 있으나, 그 안의 화성 전개와 피아니스틱한 표현은 이전의 작품들보다 훨씬 성숙하다. 쇼팽 음악의 상징으로 자리 잡게 되는 템포루바토가 적극적으로 나타나며, 전반적으로 빈약한 부분이 있으나 오케스트라도 뛰어난 분위기 조성에 한몫을 한다. 2악장의 로만체는 약음기를 단 현악 합주로 문을 여는 녹턴풍의 악상이 두드러진다. 야상곡이라고도 불리는 녹턴을 적극적으로 만들기 전이지만, 이 곡은 확실히 깊은 밤의 정서를 담고 있다. 때로는 수줍고 때로는 격정적으로 변하는 젊음의 울림이 아름답다. 지금까지 발표한 작품 가운데 가장 화려하고 짜임새 있는 기교를 발산하고 있는 3악장 론도에서는 크라코비아크풍의 리듬을 지닌 1주제와 낙천적인 느낌의 2주제가 번갈아 나온다. 중간에 등장하는 c샤프단조의 에피소드는 건반 전체를 휘감는 비르투오소적 처리에서 과연 이 작품이 약관의 신인이 만든 것인지 의심하게 만들 정도다.

이 걸작은 1830년 10월 11일 바르샤바에서 초연되었다. 고별 연주회와도 같은 이날 음악회에서는 〈피아노협주곡 제1번 e단조, Op. 11〉 이외에도 〈폴란드 민요 주제에 의한 환상곡 A장조, Op. 13〉과 조아치노 로시니의 오페라 〈빌헬름 텔〉 서곡과 〈호수의 여인〉 중에 나오는 카바티나 등을 연주했다. 로시니의 카바티나를 노래한 인

물은 놀랍게도 콘스탄챠였다. 마지막이라고 생각한 쇼팽이 대담하게 직접 그녀를 섭외했던 것이다. 며칠 뒤인 10월 25일에 쇼팽은 다시 한 번 용기를 내 콘스탄챠에게 정식으로 작별 인사를 했다. 이쯤 되면 콘스탄챠 역시 쇼팽의 진심을 알았을 것이라 생각되지만 이미 때는 늦었다. 쇼팽도 이를 잘 알고 있었다.

폴란드 민요 세 곡을 바탕으로 만들어 청중에게 특별한 갈채를 받은 〈폴란드 민요 주제에 의한 환상곡 A장조, Op. 13〉을 피날레로 장식한 음악회는 대성공이었다. 아쉬움과 눈물을 가슴에 묻고 쇼팽은 11월 2일에 긴 여행을 시작했다. 엘스너와 동료들은 바르샤바 외곽까지 마차로 동행하며 장차 폴란드를 빛나게 할 젊은 음악가를 배웅했다. 특별히 그를 위해 작곡한 엘스너의 칸타타가 울려 퍼진 이별 장면에서 친구들은 은으로 된 잔에 폴란드의 흙을 담아 선물하며 조국을 기억하기를 부탁했다. 불과 20년도 안 되어 그 흙이 파리 페르 라셰즈 공동묘지에 뿌려질 것이라 생각한 사람은 아무도 없었다.

젊은 피아니스트들의 꿈의 무대, 쇼팽국제피아노콩쿠르

가장 오래된 피아노 콩쿠르로, 바르샤바에서 5년마다 한 번씩 열리는 쇼팽국제피아노콩쿠르는 1927년에 시작되었다. 제1차세계대전 직후 어수선한 상황임에도 대회를 준비하는 데 불과 2년밖에 걸리지 않았다는 사실은 놀랍다. 이 대회를 만든 폴란드의 피아니스트이자 교육자인 예지 주라블레프는 세기가 바뀌었음에도 어지럽게 남아 있던 쇼팽에 대한 해석을 정리하고 싶어 했다.

19세기에 금과옥조처럼 받아들여지던 여러 예술적 기준이 빛바랜 유물이 되었다는 사실은 누구나 인정하고 있었지만, 그렇다고 젊은 세대들의 새 음악이 성숙해지고 있다고 보기에는 시기상조였다. 작곡가들은 표현주의, 반낭만주의, 반인상주의 등으로 나누어져 투쟁했고, 지난 세기를 대표하던 올드 스쿨 역시 연주와 교육 양쪽에서 건재했다. '쇼팽 제자의 제자들'이 연주하는 해석도 제각각의 모습으로 권위를 주장했는데, 주라블레프는 쇼팽을 연주하는 전 세계 학생들의 모습에서 바람직한 답을 찾을 수 있으리라 확신했다. 요컨대 이상적인 쇼팽은 연주자들 고유의 취향과 최첨단의 해석 사이의 교차점에 놓여 있을 것이라고 본 것이다.

제3회 쇼팽국제피아노콩쿠르 장면.

제1회 대회는 불과 스물여섯 명의 참가자로 시작했다. 그중 열여섯 명이 폴란드인이었다. 5년 뒤에는 참가자가 여든아홉 명으로 늘어났고, 제3회 대회에는 무려 스물한 개 나라의 젊은 음악가들이 참가했다. 이를 당시 불붙기 시작한 음악 경연 대회의 인기 때문이라고 보는 시각은 무리가 있다. 그보다는 20세기 초 명멸한 수많은 음악 사조들 사이에서 '좋았던 19세기'를 홀로 대표하는, 낭만주의의 상징인 쇼팽의 음악이 매우 흥미로운 변화를 맞이하게 되는 본격적인 신호로 보는 편이 옳을 듯하다.

쇼팽의 피아노 작품만으로 실력을 겨루는 사상 초유의 이 대회가 지닌 권위는 폴란드인들이 세심하고 조심스럽게 다듬어 온 과제곡의 변모에서도 찾아볼 수 있다. 제2차세계대전 이전에 열린 세 대회는 모두 두 번의 경연으로 이루어졌다. 제1회 대회의 1차 무대에서는 두 곡의 녹턴, 에튀드, 프렐류드, 마주르카 등을 자유롭게 선택하고 필수곡인 〈폴로네즈 제5번 f샤프단조, Op. 44〉와 발라드 중 한 곡을 연주해야 했다.

1932년 제2회 대회에서는 녹턴이 한 곡으로 줄고, 〈폴로네즈 제5번 f샤프단조, Op. 44〉와 〈폴로네즈 제6번 A플랫장조, Op. 53 '영웅'〉 중 하나를 선택할 수 있게 했다. 아울러 소나타도 프로그램에 등장했다. 참가자는 〈피아노소나타 제2번 b플랫단조, Op. 35〉와 〈피아노소나타 제3번 b단조, Op. 58〉 중 하나를 연주하거나, 발라드 한 곡과 스케르초 한 곡으로 이루어진 세트 아니면 〈환상곡 f단조, Op. 49〉와 스케르초 한 곡으로 이루어진 세트를 선택할 수 있었다. 1937년 제3회 대회에는 〈폴로네즈 제7번 A플랫장조, Op. 61 '환상 폴로네즈'〉가 더해졌다. 세 차례의 대회 모두 결선 무대에서는 두 개의 협주곡 중 하나를 택하여 1~2악장 또는 2~3악장을 연주해야 했다.

조국의 위대한 문화유산이자 상징적인 예술가를 새롭게 해석하고 그 저변을 획기적으로 넓히려는 노력은, 전쟁 전 탄생한 세 명의 우승자가 소련 출신이라는 사실로 인해 폴란드인들이 예상하지 못한 방향으로 흘러갔다. 러시아인들은 강하면서 정확한 기교를 보여 주었으며, 건반 위에서 결코 겁을 내는 법이 없었다. 잘 발달한 손목과 팔 근육을 모두 활용한 터치는 맑고 선명한 음색을 만들어 냈고, 강력한 포르티시모(매우 강하게)와 소름끼치는 피아니시모(매우 여리게)를 자유자재로 구사했다. 러시안 스쿨의 가장 큰 차별점은 구체적인 심상과 합리적인 템포루바토로 누구에게나 분명하게 이해되는 스토리텔링을 보여 주었다는 점이다. 깊이 있는 해석을 추구하지만 애매한 표현을 지양했던 러시안 피아니즘은, 상당 부분 19세기의 유산에 기초하면서 저마다 다른 판타지로 해석해 낸 몽환적 스타일을 보여 준 폴란드 참가자들과 명확히 차별되었다.

콩쿠르가 끝난 직후부터 자신의 능력을 전 세계에 뚜렷이 각인시킬 수 있었던 1960년 이후의 대회들과 다르게, 제2차세계대전 이전 세 차례의 대회는 자료 부족이나 녹음의 부재 등으로 인해 상대적으로 희미하게 기억되고 있다. 그 아쉬움을 달래는 의미에서 쇼팽국제피아노콩쿠르를 통해 반드시 기억되어야 할 연주자들을 꼽아 본다.

레프 오보린

제1회 대회 우승. 과학자 집안에서 태어나 세 살부터 피아노를 치기 시작했다. 1914년부터 모스크바에 거주하면서 모스크바음악원의 명교수인 콘스탄틴 이굼노프를 사사했다. 첫 번째 대회에 대한 안내가 한 달 전에야 나왔고, 요구하는 프로그램을 준비할 시간이 부족했음에도 우승을 차지했다. 냉철하면서

제1회 쇼팽국제피아노콩쿠르의 우승자인 레프 오보린.

도 이지적인 해석으로 주목받았던 오보린은 모스크바음악원의 교수를 역임하면서 블라디미르 아시케나지 등 유명 피아니스트들을 여럿 길러 냈다.

그리고리 긴즈부르크

제1회 대회 4위. 음악 가정에서 태어나지 않았음에도 네 살 때부터 피아노를 시작하여 알렉산드르 골덴바이저를 사사하며 실력을 쌓았다. 학생 시절에는 무대 공포증에 시달렸으나 이를 극복한 뒤 제1회 대회에서 안정감 있는 기교와 다듬어진 악상으로 주목받았다. 작은 손을 가지고 있었지만 로시니의 〈세비야의 이발사〉 중 피가로의 아리아를 피아노용으로 편곡한 작품을 비롯해 비르투오소풍의 편곡을 여럿 남겼다. 또한 1985년 대회 우승자인 스타니슬라프 부닌의 스승 세르게이 도렌스키 등을 키웠다.

알렉산드르 우닌스키

제2회 대회 우승. 우크라이나 키예프의 유대인 집안에서 태어나 1924년 파리로 이주했다. 라자르 레비 등을 사사한 뒤 제2회 대회에서 주목받은 우닌스키는 무대에서의 강한 집중력과 다성부를 처리하는 손가락의 고른 움직임, 우아한 정서 등으로 호평받았다. 1955년부터 토론토와 댈러스 등에서 교수로 일했다. 쇼팽의 발라드를 포함해 대부분의 주요 레퍼토리를 녹음했으며, 그 밖에도 표트르 일리치 차이콥스키의 〈피아노협주곡 제1번 b플랫단조, Op. 23〉 등의 녹음 기록도 남아 있다.

임레 웅가

제2회 대회 2위. 헝가리 부다페스트 태생으로, 선천적인 시각 장애로 세 살 때부터 시력을 잃었으나 리스트의 제자인 이스트반 토만을 사사하며 경력을 쌓았다. 대회 참가 당시 결선에서 청중의 열광적인 앵콜 요청을 받았으며, 심사위원들이 대회의 룰을 바꾸어 앵콜을 연주해도 좋다고 허락했으나 정작 웅가는 지쳤다는 이유로 연주하지 않았다. 결선에서 우닌스키와 동점을 받았는데 웅가 자신이 공동 우승을 원하지 않으면서 결국 우승자는 제비뽑기로 가려졌다. 설득력 있는 음색과 쇼팽 특유의 로맨틱한 분위기를 만드는 데 탁월했던 그는 전쟁 기간에는 네덜란드에 머무르다 1943년부터 부다페스트로 돌아가 교수로 일했다.

라요스 켄트너

제2회 대회 5위. 헝가리 출신으로 1935년에 영국으로 이주하여 '루이스'라는 이름으로 불렸다. 부다페스트음악아카데미를 열일곱 살에 졸업한 천재로, 그 당시 이미 서른두 개의 베토벤 피아노소나타 전곡을 연주해 청중을 놀라게 했다. 1932년 쇼팽국제피아노콩쿠르에서 다소 과장된 악상 표현으로 5위에 머물렀으나 객석에서는 많은 지지를 받았다. 그를 높이 평가한 바이올리니스트 예후디 메뉴인과는 영국 이주 뒤 첼리스트 가스파르 카사도와 힘을 합쳐 피아노삼중주 팀을 만들기도 했다. 1956년 뉴욕 데뷔 당시의 레퍼토리 역시 베토벤의 소나타 전곡이었으며, 쇼팽 외에도 리스트를 포함한 헝가리 레퍼토리에도 정통했다.

야코프 자크

제3회 대회 우승. 우크라이나 태생으로, 오데사음악원을 거쳐 모스크바음악원에서 겐리흐 네이가우스와 이굼노프를 사사했다. 콩쿠르 참가 곡들을 거의 독학으로 준비했으며, 1위와 마주르카상까지 받은 그는 논리적인 악상 전개와 빈틈없는 기교, 하드보일드적 정서로 주목받았다. 콩쿠르가 끝난 뒤의 자크는 쇼팽보다는 베토벤, 슈만, 리스트 등의 레퍼토리에 심취했고, 동시에 20세기 러시아 작곡가들의 작품 초연에도 열을 올렸다. 독특한 조형으로 화제를 모은 그의 쇼팽 해석이 음반으로 많이 남아 있지 않아 아쉬움을 남긴다. 즉흥곡, 마주르카, 왈츠, 녹턴 등의 오랜 녹음이 남아 있으며, 그 외에도 라흐마니노프와 프로코피예프의 협주곡 등을 들을 수 있다. 교수로서도 활발해 발레리 아파나시예프, 니콜라이 페트로프 등의 개성파 피아니스트들을 길러 냈다.

제3회 쇼팽국제피아노콩쿠르 우승자인 야코프 자크.

비톨트 마우추진스키

　제3회 대회 3위. 폴란드 태생으로, 많은 이들이 대회의 진정한 우승자라고 여긴 참가자였다. 그만큼 마우추진스키의 쇼팽 해석은 강한 설득력을 지니고 있었는데, 서정적인 표현과 거장적인 스케일, 낭독풍으로 표현하는 드라마적인 표현까지 훌륭히 구사했다. 마주르카나 폴로네즈를 연주하는 마우추진스키의 터치는 지극히 매끄러우면서도 자연스러운 건강미를 지니고 있었다. 낙천적이고 외향적인 쇼팽 해석은 라틴 민족들에게도 널리 사랑받아 1940년 아르헨티나 공연을 성공적으로 이끌었으며, 그 후 아르헨티나의 시민권을 얻었다. 건강미와 소박함, 남성미가 결합된 폴란드풍 쇼팽 해석의 전형이라 할 수 있다.

에디트 피히트악센펠트

　제3회 대회 6위. 1947년부터 30년 이상을 독일 프라이부르크대학에서 교수로 일했다. 독일 바로크와 고전파 레퍼토리를 주로 다루었고, 하프시코드 연주자로도 활약했다는 점에서 콩쿠르 출신의 다른 피아니스트들과는 다르다. 하지만 제3회 대회에서의 입상은 스물세 살 음악가의 경력에 결정적인 시작이 되었으며, 바흐의 작품을 하프시코드로 연주할 때조차 쇼팽과 슈만의 주요 작품에 대한 열정을 놓치지 않았다. 실내악 연주자로서도 괄목할 만한 업적을 남겼으며, 20세기 아방가르드 작곡가들의 연주에도 적극적인 모습을 보였다.

03

방황과
혁명

슬픈 폴란드

복잡한 19세기 유럽의 정치사와 사회사를 이해하기 어려운 데는 드넓은 평원 지대에서 살던 폴란드인들의 부침 많은 역사도 한몫했다고 할 수 있다. 폴란드-리투아니아공화국이라 불리던 이 지역 민족들의 어지러운 이야기는 좀처럼 간단하게 요약되지 않는다. 이 공화국은 1569년부터 1795년까지 존속했다. 이후 1918년까지 120여 년간 폴란드라는 나라는 사실상 존재하지 않았다.

'나라'라는 개념과 그 지역의 고유한 법이 여전히 애매하던 18세기 유럽에서 비교적 넓고 비옥한 땅을 가진 나라가 외세의 간섭을 받는 일은 비일비재했다. 그렇다 해도 이웃 나라의 귀족이나 엘리트 세력이 다른 지역과 민족의 정치에 관심을 두고 멋대로 좌지우지하려고 한 것은 지금의 상식으로는 쉽게 이해되지 않는다.

1733년부터 1738년까지 이어지던 폴란드 왕위 계승 전쟁에 러시아, 오스트리아, 작센, 프로이센, 프랑스, 에스파냐 등이 달려들

듯이 모여 각자의 이권을 차지하려 애쓴 사실은 먼 옛날 다른 나라의 이야기임에도 적잖이 불편하다. 결국 1772년에 이르러 러시아, 프로이센, 오스트리아에 의해 지역민들의 의사와는 상관없이 폴란드의 1차 분할이 이루어졌다.

그러자 폴란드에서는 1791년 5월 3일에 만들어진 헌법을 계기로 외세의 굴욕적인 지배에 맞서려는 분위기가 일어났는데, 기득권을 가지고 있던 주변 열강들이 가만히 있을 리 만무했다. 1776년에 일어난 미국독립전쟁과 1789년에 일어난 프랑스혁명에 불안감을 가지고 있던 러시아와 프로이센은 1793년에 이르러 폴란드를 두 번째로 분할했다. 1차 분할 때에 비해 거의 절반 정도로 줄어든 폴란드의 자치권은 모두에게 치욕스러운 감정을 갖게 했다.

이때 일어난 것이 코시치우슈코의 저항 운동으로, 쇼팽의 아버지 미코와이도 이 운동에 참여했다. 러시아, 프로이센, 오스트리아는 코시치우슈코의 운동을 구실 삼아 1795년에 3차 분할을 결정했다. 폴란드가 유럽 무대에서 실질적으로 퇴장하는 순간이었다.

세기가 바뀌면서 상황은 폴란드인들에게 더욱 심각해졌다. 유럽 전역을 무대로 1807년부터 확실한 군사적 우위를 점한 나폴레옹의 프랑스가 이 지역을 점령하여 이른바 바르샤바공국을 세운 것이었다. 바로 이 무렵에 쇼팽이 태어났다. 어느 정도의 법적 자치권을 유지하던 공국은 그리 오래가지 못했다. 1812년, 나폴레옹 군대의 모스크바 원정은 폴란드 지역 사람들에게 막연한 기대감을 품게 했다. 프랑스가 승전하면 예전의 왕국을 되찾을 수 있으리라는 생각에 무려 10만 명의 폴란드 병사들이 참전했다. 하지만 결과는 프랑스군

폴란드의 수난사를 대변하는 바르샤바 역사지구

10세기에 세워진 폴란드는 17세기에 유럽의 강대국으로 군림하다가 18세기 들어 급격히 쇠
퇴하면서 러시아, 프로이센, 오스트리아에 의해 세 차례나 영토 분할을 당하다 모조리 빼앗
긴 수모를 겪었다. 이후 1918년 베르사유조약에 의해 독립하기 전까지 폴란드라는 나라는 지
도에서 찾아볼 수 없었다. 독립 이후에도 나치에 의해 철저하게 파괴되는 등 수난으로 점철된
근대 폴란드가 겪은 슬픈 역사의 중심이 바로 바르샤바였다.

의 처참한 패배로 끝났고, 폴란드의 운명은 1814년부터 1815년까지 빈에서 열린 승전국들의 회의에서 결정되었다. 프랑스와 비교해 짐짓 생색을 내고 싶어 했던 인접한 세 나라는 인구 330만 명, 면적 12만 8500평방킬로미터 정도로 축소된 '명목상'의 폴란드왕국을 세웠다. 서부의 포즈난 지역은 포즈난대공국이라는 이름으로 프로이센에 합병되었고, 르부프가 속한 남부 갈리치아 지방은 오스트리아의 통제 아래에 놓였다.

이것이 끝이 아니었다. 폴란드왕국의 실질적 통치자는 러시아의 차르 알렉산드르 1세였는데, 그의 뒤를 이어 동생인 니콜라이 1세가 1825년에 왕위를 물려받으며 폴란드인들의 반항이 거세졌다. 계란으로 바위를 치는 것보다 더 가망이 없었던 수차례의 폭동과 혁명은 매번 실패로 돌아갔고, 러시아의 지배는 더욱 강한 힘을 과시하며 이 지역을 내리눌렀다.

음악의 수도 빈에서

1830년 11월, 쇼팽이 바르샤바를 떠나 드레스덴, 프라하를 거쳐 빈에 도착한 일주일 뒤 일어난 동포들의 반란은 그들의 몸과 마음을 흔들어 놓았다. 그 와중에도 1년 만에 다시 찾은 빈에서 쇼팽의 입지는 매우 희망적이었다. 훔멜이나 카를 체르니 같은 당대의 대가들에게 환대를 받는가 하면, 작품과 연주에서 한껏 자신감을 얻기 시작했다. 그럴수록 젊은 예술가의 고민은 깊어졌다. 브레슬라우에서부터 빈까지 동행한 절친 티투스는 참전하기 위해 조국으로 돌아갔고, 고향에 돌아가고픈 마음을 억누르고 겨울을 보내야 하는 이 폴란드 음악가가 할 수 있는 일은 별로 없었다.

복잡한 국내외의 상황이 그의 손발을 묶었다. 당시 오스트리아는 러시아와 긴밀한 협력 관계에 있었고, 합스부르크 왕국의 수도인 빈에 체류하는 폴란드인 쇼팽은 어느새 동맹국에 저항한 세력이 되어 있었다. 가슴을 쥐어뜯고 싶은 기분이었지만, 이렇게 냉담한 빈의 분위기에서도 그는 작품을 알리기 위해 절치부심했다.

1831년 4월 4일, 쇼팽은 궁정 무도회장인 레두텐잘에서 〈피아노 협주곡 제1번 e단조, Op. 11〉을 오케스트라 없이 솔로로 연주했는데, 당연한 일이었겠지만 반응은 뜨겁지 않았다. 누구도 부정할 수 없는 음악의 수도였지만, 쇼팽은 이곳 사람들의 사고방식과 성격, 무엇보다 음악에 대한 취향을 마음에 들어하지 않았다. 1831년 초, 엘스너에게 보낸 편지를 보면 춤을 추기 위해 만든 무도회용 작품, 그중에서도 빈 사람들이 열광하는 왈츠에 대한 냉소적인 시각이 보인다.

약삭빠른 출판업자들이 돈이 되는 왈츠에만 관심을 가진다는 사실이 얄미웠지만, 어쩔 수 없이 대세에 따라야 했던 이 신인 작곡가가 만든 〈왈츠 제1번 E플랫장조, Op. 18〉은 아이러니컬하게도 스무 곡 이상을 헤아리는 그의 왈츠 가운데 가장 무곡다운 성격을 띤다. 최근에는 이 작품이 그가 파리로 근거지를 옮긴 뒤인 1833년에 작곡한 것이라는 설도 나왔다. 진위가 무엇이든 경쾌하고 맑은 악상의 생동감 넘치는 이 곡이 왈츠로는 첫 번째로 출판한 것이라는 사실이 더 중요하다.

크게 다섯 부분으로 나누어지는 이 곡은 당시 폭발적인 인기를 끌던 요한 슈트라우스나 요제프 라너의 왈츠처럼 단순한 병렬 진행인 메들리 형식을 띠고 있으나, 넓게 도약하는 왼손의 움직임과 우수가 살짝 비치는 멜로디, 반음계 진행 등에서 이미 성숙한 피아니즘을 발견할 수 있다.

춤추기 좋아하는 빈 사람들의 기질과 스스로 맞지 않다고 생각한 쇼팽의 손끝이 '춤'이 아닌 '감상'을 위한 왈츠를 빚어 낸 것은 당연한데, 정작 인기 있는 곡은 그런 진지함이 빠져 있는 짧은 것들이다. 1838년에 '화려한 대왈츠'라는 제목으로 출판한 세 개의 왈츠 중 하나인 〈왈츠 제4번 F장조, Op. 34-3〉은 우리에게 '고양이 왈츠'로 알려져 있다. 갑자기 쇼팽의 무릎으로 뛰어오른 고양이가 건반을 좌우로 뛰어다니며 노는 모습이 멈추지 않고 빠르게 움직이는 오른손 음형에서 우스꽝스럽게 묘사된다.

〈왈츠 제6번 D플랫장조, Op. 64-1〉은 학생들이 쇼팽의 피아노곡으로 처음 접하는 곡으로, '강아지 왈츠'로 알려져 있다. 애인 조르주 상드가 기르던 강아지가 자신의 꼬리를 물기 위해 빙글빙글 도는 모습을 그렸다고 하는데, 중간에 등장하는 서정적인 선율에서는 장난스러운 강아지의 모습을 흐뭇하게 보고 있는 쇼팽의 시선이 느껴진다. 2분 남짓한 소품이지만 그 안에서 풍겨 나오는 귀족적인 우아함은 어떻게 설명해야 할까? "쇼팽의 왈츠는 몸과 마음이 함께 춤추는 것이며, 만약 춤을 춘다면 상대의 반은 적어도 백작 부인 정도는 되어야 할 것이다." 쇼팽의 왈츠에 대한 슈만의 평은 그런 면에서 매우 적절하다.

왈츠를 좋아하는 빈 사람들

쇼팽이 빈에 머물던 1830년 무렵, 빈 사람들은 요한 슈트라우스나 요제프 라너의 왈츠에 열광했다. 그러나 쇼팽은 3박자의 경쾌한 이 춤곡에 대해 냉소적이었다. 그럼에도 대세를 어느 정도 따라야 했던 이 젊은 음악가는 스무 곡이 넘는 왈츠 작품을 남겼는데, 그의 손에서 빚어진 왈츠는 춤을 위한 것이 아니라 감상을 위한 것이었다. 슈만은 쇼팽의 왈츠에 대해 "몸과 마음이 함께 춤추는 것"이라고 평했다.

바르샤바 함락되다

진작부터 파리로 자신의 근거지를 옮겨야겠다고 마음먹고 있었던 쇼팽이 빈을 떠난 것은 1831년 여름인 7월 20일이었다. 린츠, 잘츠부르크, 뮌헨을 거쳐 9월 초 슈투트가르트에 도착했을 때, 바르샤바가 결국 함락되었다는 비보를 접했다. 그해 1월부터 폴란드인들은 러시아 차르 니콜라이 1세의 권위를 부정했고, 강한 저항은 강경한 진압으로 이어졌다. 무려 20만의 러시아 군대가 바르샤바를 덮쳤고, 수천 명에 달하는 폴란드 귀족들이 뿔뿔이 흩어졌다. 일부는 시베리아를 포함한 오지로 유배되었고, 또 다른 일부는 프랑스 등지로 망명해 훗날을 도모했다. 설상가상으로 콜레라까지 퍼져 많은 이들이 사망했다. 쇼팽은 바르샤바를 떠올리며 일기에서 그 슬픔을 토해 냈다.

바르샤바가 교외까지 모두 파괴되고 불타 버렸다. 모스크바가 온 세계를 통치하다니! 오 하느님, 하느님은 정말 계신 것입니까? 계신데 복수를 안 하시다니, 러시아가 얼마나 많은 죄를 더 범하기를 원하시는 것입니까? 혹시 하느님도 러시아 분인가요? 나는 전혀 쓸모없는 모습으로 여기 있다. 속수무책이다. 가끔씩 괴로워 신음하고 고통스러워할 뿐, 그리고 내 모든 절망을 피아노에 쏟아부을 뿐……. 하느님, 이 세상을 모조리 흔들어 주소서! 가장 무거운 형벌을 프랑스에 내려 주소서. 그들은 우리를 도우러 오지 않았으니…….

— 1831년 9월, 쇼팽의 일기 중

안타까움과 자책감, 그 모든 것이 녹아 있는 엄청난 울분이 그의 약한 육체를 짓눌렀다. 당시의 격정은 〈에튀드 c단조, Op. 10-12 '혁명'〉이라는 곡에 녹아 있다. 뜨거움으로 일렁이는 파도와 같은 왼손의 움직임 위로 응축된 힘이 느껴지는 비극적인 멜로디가 오른손으로 수놓아진다. 끊임없이 움직이는 16분음표의 빠른 움직임을 나타내야 하는 왼손을 위한 연습곡의 성격을 띠지만, 음악으로 울부짖는 것밖에 아무것도 할 수 없었던 작곡가의 고통이 들을 때마다 사무치게 다가온다.

찾아간 날이 일요일어서인지 바르샤바의 공원들은 나른한 활기로 넘쳐 있었다. 와지엔키공원과 식물원을 겸한 녹지, 동물원 등이 나란히 자리 잡은 녹지대는 차를 타고 지나기보다는 휘휘 둘러보며 걷기에 좋다. 걷다가 다리가 아프면 어느 버스를 잡아타더라도 시내 중심지로만 간다면 길을 잘못 들 위험도 적어서 느긋해진다.

사람들에게서는 여유가 느껴졌고, 그것은 은근한 자유로움으로 이어졌다. 다양한 식당과 카페의 모습이 그러했다. 좋은 의미에서 국적 불명의 가게들이 넘쳐났는데, 중국 음식, 인도 음식, 중앙아시아와 유럽식 비스트로까지 골고루 볼 수 있었다. 일본식 교자를 먹기 위해 줄을 서 있는 폴란드인들의 모습도 자주 눈에 띄었고, 한국 식당에서 느닷없이 이슬람 음식처럼 보이는 요리가 등장해도 이상할 것이 전혀 없었다. 중심가의 백화점이나 아케이드에서도 무질서 속의 편안함을 느낄 수 있었다. 명품과 저가 상품이 놓인 구역의 정확한 구분이 불필요한 듯해 보였고, 중국산의 무차별적 공세도 매장 안에서 큰 비중을 차지하지 않았다. 떠들썩함보다 느리고 차분함이 느껴지는 시내 표정은 바르샤바인들의 성격을 얼마나 반영하고 있을까?

폴란드는 세 차례가 넘는 국토 분할로 영토가 점점 좁아지다 급기야는 열강에게 모조리 빼앗긴 치욕의 역사를 안아야 했다. 흥미로운 것은 사람들의 언어적 정체성이다. 쇼팽의 시대부터 20세기까지 이곳에서 가장 많이 쓰인 언어는, 히브리어로 표기하는 유대인들의 언어인 이디시어였다. 그다음으로 많이 쓰인 언어는 우크라이나어, 벨라루스어, 리투아니아어 등으로, 폴란드어는 주로 도시 외곽에 거주하던 농민 계층에서 사용했을 뿐이다. 당시 경제적으로 부유하던 그단스크(독일어로는 단치히)에서는 독일어를 공용어로 사용했다.

신분 계급 만큼이나 사람들을 나누어 놓는 종교도 매우 복잡했다. 로마가톨릭교가 약 절반을 차지하는 가운데 나머지 절반은 유대교, 개신교, 동방 가톨릭이 차지했다. 사회 계층의 구조에서도 통일된 민족적 특질을 찾기는 어려웠다. 미코와이가 폴란드로 건너올 당시에는 귀족-도시민-성직자순으로 신분의 귀천이 결정되었고, 집단마다 나름대로의 사법 체계와 법률이 존재했다. 인구의 75퍼센트 정도를 차지한 농민들은 자치권이 없는 농노와 비슷한 생활을 이어 가며 독립된 자치 사회를 이루고 있던 유대인과 끝임없이 갈

바르샤바의 공원
쇼팽이 바르샤바를 완전히 떠나 빈으로 간 것은 스무 살 때인 1830년 11월 2일이었다. 그러나 그는 세상을 떠나는 순간까지도 폴란드의 언어와 생활 방식을 고집했을 만큼 조국을 그리워했다. 그 조국은 하나의 핏줄로 이루어진 나라로서의 의미라기보다는 그가 나고 자란 땅과 하늘, 그리고 그곳의 선율이었을 것이다.

FRÉDÉRIC CHOPIN

등을 빚었다. 우크라이나인, 러시아인, 벨라루스인, 유대인, 독일인 등이 뒤섞여 살던 폴란드. 쇼팽이 생각한 '조국'은 어떤 것이었을까 궁금해진다.

어쩌면 그가 그리워하고 돌아가고자 했던 조국은 하나의 핏줄로 이루어진 나라가 아니라 자신이 나고 자란 땅과 그 하늘이었을 것이다. 운명의 잔인함이 그가 고향을 떠나는 순간 전쟁과 혁명의 모습으로 나타나 그의 마음에 아물기 힘든 발톱 자국을 남겼지만, 세상을 떠나는 순간까지 폴란드어와 생활 방식을 고집했던 것은 조국의 대한 사랑보다 아름다웠던 어린 시절로 돌아가고 싶은 추억 때문이었는지도 모르겠다.

도시 생활을 하던 소년 쇼팽은 열네 살이 되던 해에 처음으로 시골의 모습과 접했다. 1824년에 방문한 사파르니아 지역은 마조프세, 포메라니아, 쿠야비 지역의 교차점이다. 이곳을 거점으로 쇼팽은 그를 초청한 지에바노프스카 가문의 사람들과 함께 주변 마을들을 돌아다녔다. 그의 관심을 가장 많이 끈 것은 역시 시골 사람들의 춤과 노래였는데, 가족들에게 보낸 편지는 이렇게 시작한다.

오브로보는 수확의 시기를 맞이했습니다. 마을 전체가 영주의 집 앞에 모여 즐겼는데, 보드카를 흠뻑 마시고 흥이 올랐습니다. 젊은 여자들이 노래를 부르는 것은 마치 즐거운 비명 소리처럼 들렸는데, 음정이 하나도 안 맞았죠.

— 1824년 8월 24일, 쇼팽이 부모님에게 보낸 편지 중

시골의 축제에 소년은 거리낌 없이 끼어들어 함께 즐기는 모습도
보였다.

> 점프, 왈츠, 오베르타(민속춤)가 시작되었다. 나중에는 모든 이들
> 이 극도로 흥분해 쓰러질 때까지 춤을 추었다.
> ─ 1824년 8월 24일, 쇼팽이 부모님에게 보낸 편지 중

하룻밤 정도 묵은 짧은 여행까지 합하면 쇼팽은 바르샤바를 완전
히 떠나기 직전까지 폴란드 전역을 누비며 그곳의 민요와 민속춤을
접했다. 바흐와 모차르트로 음악 공부를 시작한 도시의 학생에게
오히려 이국적으로 들렸던 이 독특한 음악 요소들은 오래도록 그의
예술을 받쳐 주는 원천이 되었다. 철없고 순수한 소년의 눈에 스쳐
지나간 조국의 풍경은 가난과 전쟁, 복잡한 정치사와 상관없는 로
맨틱한 감상으로만 온전히 기록되었으리라. 피아노로 쓰인 그의 시
들은 이런 배경 속에 시작되었다.

> 신선한 공기, 태양이 아름답게 빛나고, 새들이 울고 있어요. 코발레
> 보에는 속삭이듯 흐르는 시냇물 소리는 없어도, 개구리가 노래하
> 는 연못이 있습니다.
> ─ 1827년 여름, 쇼팽이 부모님에게 보낸 편지 중

파리에 온
폴란드의 신성

파리의 친구들

1831년 9월 중순, 쇼팽은 슬픔을 안고 파리에 도착했다. 자신의 폴란드식 이름인 '프리데리크'에서 프랑스식 이름인 '프레데리크'로 바뀌는 순간이었다. 파리에 도착하자 자신과 같은 처지에 놓인 폴란드인들, 그중에서도 망명한 귀족 사회의 지식인들이 그를 반겼다. 아무도 예견하지 못한 그의 짧은 인생 동안, 영원한 객으로 살아가야 했던 타향에서 그의 곁을 떠나지 않고 함께해 준 동료들이기도 했다.

그런 동료들 중 임시정부에서 수상으로 선출되었던 아담 예지 차르토리스키를 먼저 언급하지 않을 수 없다. 본래 폴란드 명문가 출신으로, 러시아 황제 알렉산드르 1세가 그를 외무장관으로 임명하여 1814년 빈회의 때는 러시아 대표 중 한 사람으로 일한 적도 있었다. 비교적 관계가 좋았던 러시아 황제와는 1830년 11월 봉기 참가를 계기로 결정적인 균열이 생겼고, 1832년부터 파리에서 생활하면서 차기 폴란드 국왕으로 추대되어 실제로 1838년 국왕의 자리에 올랐다. 차르토리스키는 1832년에 창설된 파리-폴란드문예협회의 초대 회장이기도 했는데, 쇼팽은 1833년에 회원으로 선발되어 차르토리스키 공에게 감사장을 보냈다.

쇼팽은 차르토리스키의 아내인 안나 조피아 사피에하에게 〈연주회용 론도 '크라코비아크' F장조, Op. 14〉를 헌정했다. 그러나 이 집안에서 쇼팽과 가장 많은 추억을 나눈 사람은 차르토리스키 공의 조카인 차르토리스카 대공비였다. 그녀는 쇼팽의 가장 마지막 제자 중 하나였으며, 쇼팽이 만년에 영국 여행을 할 때부터 사망하는 날까지 긴밀한 관계를 유지하며 그의 임종을 지켰다. 대공비는 쇼팽이 자신의 가족을 제외하고 거의 유일하게 예민함이나 짜증을 내보이지 않았던 인물이다. 그녀의 너그러움 때문이기도 했지만, 서로 위로와 격려, 배려를 주고받는 사이였기에 가능했다.

쇼팽의 제자로 소개할 또 한 사람의 중요한 여인은 포토츠카 백작 부인이다. 두 사람은 1830년에 쇼팽이 바르샤바를 떠나 빈으로 가던 도중 드레스덴에서 처음 만났다. 쇼팽은 〈피아노협주곡 제2번 f단조, Op. 21〉을 부인에게 헌정함으로써 깊은 우정을 보여 주었다. 파리 사교계를 뒤흔들 정도의 미모를 가진 부인은 차르토리스카 공작 부인과 함께 쇼팽의 임종을 지켰는데, 아마도 쇼팽이 세상에서 마지막으로 들었을 음악을 자신의 목소리로 들려준 인물이기도 했다. 한때는 쇼팽 연구가들이 두 사람의 사이를 연인 관계 비슷한 것으로 의심하기도 했지만 증거가 없는 것으로 받아들여진다. 진위와 상관없이 오고 간 편지의 허물없음이나 친밀도로 보아 포토츠카 백

파리에 온 쇼팽이 처음 머물렀던 푸아소니에르대로

1831년 9월, 쇼팽은 바르샤바가 함락되었다는 슬픈 소식을 안고 파리에 도착했다. 그리고 파리 우안 2구에 있는 푸아소니에르대로 27번지 5층에서 1년 동안 살았다. 지금도 그곳에는 옛형태의 문과 쇼팽의 이름이 새겨진 현관이 걸려 있다. 이후 1849년에 눈을 감을 때까지 쇼팽은 이 도시에서 무려 아홉 번이나 이사했다. 그 사이 한때 마요르카섬에서 체재하기도 했고, 해마다 상드의 별장이 있는 노앙에서 여름을 보내기도 했다.

작 부인은 쇼팽이 꽤 강한 신뢰를 보낸 동료였음이 분명하다.

보이치에흐 그르지마와 백작은 명문가 집안이 아닌 중소 귀족 출신의 인물로, 1812년 나폴레옹 군에 잠시 참가했다가 폴란드 의회에서 정치 생활을 했다. 그 후 1830년 11월 봉기 당시 런던에 있다가 파리로 건너와 쇼팽과 교류하게 되었다. 상드와도 친분이 깊었던 그는 자연스레 쇼팽과 상드 사이에서 중재자 역할을 했다. 두 사람의 관계가 끝난 뒤 상드를 강력하게 비난했던 그르지마와 역시 친구들과 함께 쇼팽의 마지막을 지켜보았다.

어릴 적부터 가까운 사이였던 폰타나는 음악가인 동시에 변호사, 작가이기도 한 다재다능한 사람이었지만, 아쉽게도 지금은 '쇼팽의 친구'로 가장 알려진 인물이다. 바르샤바음악원에서 엘스너에게 배운 뒤 11월 봉기 때는 함부르크에 머물다가 1832년에 파리로 건너왔다. 1835년 런던에서 이그나츠 모셸레스, 요한 밥티스트 크라머, 샤를 발랑탱 알캉 등 당대 최고의 피아니스트들과 함께 무대에 선 기록으로 보아 나름 출중한 실력을 가졌다고 추측되는 그는 한동안 쇼팽과 매우 밀접한 관계를 유지했다. 무엇보다 병약했던 친구를 악보 출판과 편집 등 여러 면에서 적극적으로 도왔다.

1840년, 쇼팽은 폰타나에게 〈폴로네즈 제3번 A장조, Op. 40-1 '군대'〉와 〈폴로네즈 제4번 c단조, Op. 40-2〉 두 곡을 헌정함으로 고마움을 표했지만, 폰타나가 그에게 베풀어 준 호의가 더 컸다. 누구나 사랑하는 쇼팽의 걸작 〈즉흥 환상곡, Op. 66〉을 포함하여 〈론도 C장조, Op. 73〉까지의 작품들은 1855년에 폰타나가 출판했는데, 이들 대부분은 쇼팽이 유언에서 모두 태워 버리라고 부탁했던 곡들이다. 1859년에는 모두 열일곱 개의 곡으로 된 〈폴란드 가곡집, Op. 74〉 역시 폰타나에 의해 출판되었다.

친구이자 심부름꾼 역할에 충실했던 폰타나가 사업 때문에 쇼팽의 곁을 떠난 것은 1844년으로, 그는 쿠바로 건너가 친구의 작품을 최초로 아메리카 대륙에 알렸다. 이후 뉴욕을 거쳐 파리로 돌아온 것은 쇼팽 사후인 1852년경이었다. 폰타나가 떠난 뒤 그와 같은 역할을 한 쇼팽의 친구는 탁월한 첼리스트인 오귀스트 프랑숌이었다.

내 피아노는 내 고통을 너무 잘 알아

쇼팽의 팬이라면 평소 그의 성격과 작품을 만들 때의 심리 상태가 궁금할 것이다. 이리저리 흘러 다니다 끝난 삶이 그러했듯 그의 성격도 종잡을 수 없이 자주 변하고 맞추기 힘든 것이었다는 사실은 지인들과 나눈 편지 등이 말해 준다. "내 기분은 늘 다른 사람들의 기분과 맞지 않아. 하지만 내가 중독되는 나쁜 버섯과 비슷하다고 해서 그게 내 잘못은 아니야."

상드와의 관계가 심각한 상황에 이르렀을 때의 편지이니 매우 신경질적인 상태임이 분명하나, 어차피 그가 고향을 떠난 뒤 즐겁고 명랑했던 기간은 지극히 짧았다. 바로 파리에 도착해 동포들과 강한 유대감을 느꼈을 때다. 막연한 희망은 이내 우울함으로 바뀌어 쇼팽을 사로잡았다. 그는 자신이 객지를 떠돌다 생을 마칠 것이라는 불안한 확신을 안고 살아갔다. "내가 참석해야 하는 만찬, 연주회, 무도회 등이 그나마 나를 지탱해 주고 있어. 난 슬프고, 외롭고, 늘 버려진 기분이야. 그래도 이런 자리를 위해 옷도 차려입어야 하고, 표정도 만족스럽게 지어야 하니까 좀 낫지. 하지만 서둘러 내 방에 돌아오고는 해. 그리고 피아노 앞에서 억눌렀던 감정을 쏟아 내지. 내 피아노는 내 고통의 표현을 너무 잘 알아."

쇼팽의 지인들은 예측 불가능한 초봄 날씨 같은 그의 성격과 예민하게 신경 쓰는 외모 치장, 심각한 낭비벽 등을 기억했다. 단 이것은 정말 가까운 몇 명의 친구들만이 알고 있는 비밀스러운 사실이었다. 쇼팽이 가끔 나타나던 살롱이나 파티에서 그와 첫 대면을 한 사람들은 그를 지극히 매너 있고 적당한 유머 감각과 겸손함을 가진 섬세한 신사로 생각했다. 우아함과 유머 감각, 수다스럽지 않으면서도 재치 있는 말솜씨, 이 모든 것이 쇼팽을 이루는 요소였음도 분명하다. 상처 받기 쉬운 영혼은 너무 자주 고통 속에 시달렸을 뿐이다.

그것이 사치스러운 감상이건 죽음에 직면한 고뇌이건 상관없이 쉽게 우울감에 빠지는 사람에게 타인에 대한 너그러움을 기대하기는 힘들다. 쇼팽은 동료 음악가들과 그 외 예술가들의 작업이나 성과에 대해 무관심하거나 부정적인 평가를 내리는 일이 많았다. 자신의 음악을 위한 직간접적인 교류에도 그다지 적극적이지 않았다. 불행인지 다행인지 그는 자신이 만든 결과물에도 한결같이 야박한 점수를 주었고, 자주 냉소를 보였다.

시니컬함으로 외피를 두른 그의 교우 생활을 다분히 피상적이라 볼 수도 있지만, 대화나 편지 등에 등장하는 19세기의 음악가들은 당대의 주인공이 되기에 부족함이 없는 인물들이다. 비록 쇼팽의 눈에는 조연이었을지라도 그들은 매우 중요한 위치에서 굳건하다. 쇼팽이 그들을 얼마나 많이 의식했는지 알 수 없지만, 잠시 빈에 머무를 당시에는 약진하던 같은 세대 피아니스트들 중 지기스몬트 탈베르크가 단연 인기를 끌었다. 귀족 출신이라는 점도 인기에 한몫했다. 모리츠 폰 디트리히스타인 백작과 폰 베츨라 남작 부인 사이에서 사생아로 태어난 그에게 백작은 계곡Thal과 산Berg을 합한 멋진 예명을 붙여 주었다.

품위 있고 나긋나긋한 이미지와 진지한 매너를 갖춘 탈베르크는 음악회장을 찾는 여성 청중에게 많은 사랑을 받았다. 부드러운 타건에서 나오는 물 흐르듯 매끈한 음상과 재빠른 기교를 나타낼 수 있던 그의 스타일은, 피아노에서 '노래'를 뽑아낸다는 면에서 부분적으로 쇼팽의 그것과 닮았다. 다른 점을 꼽자면 탈베르크의 피아노 솜씨는 별다른 특징이나 매력이 없는 자작의 오페라 편곡 작품 등에서만 그 실체가 드러났다는 사실이다.

대단한 노력파이기도 했지만 탈베르크가 인기를 얻은 데는 작곡가이자 하프 연주자였던 패리시 알버스를 통해 아이디어를 얻은 독특한 주법이 큰 역할을 했다. 그의 전매특허처럼 되어 버린 이 주법은 건반의 중간 음역에서 양손의 엄지손가락을 번갈아 눌러 가며 멜로디를 연주하고, 멜로디가 나오지 않는 타이밍에 나머지 손가락들을 건반의 왼쪽(저음)과 오른쪽(고음)으로 빠르게 움직여 반주하는 것이다. 이때 반주 부분은 대부분 펼침화음으로 채워졌는데, 이에 그는 당대 최고의 '아르페지오 대가'로 불렸다. 무대에서의 하이

Ignatz Moscheles

쇼팽이 존경한 이그나츠 모셸레스

슈만, 프란츠 리스트, 펠릭스 멘델스존바르톨디, 지기스몬트 탈베르크, 이그나츠 모셸레스, 프리드리히 칼크브레너 등 쇼팽이 만난 음악가들은 쇼팽 못지않게 19세기의 주인공이 되기에 부족함이 없을 만큼 중요하다. 그중에서도 쇼팽은 모셸레스를 특히 존경했으며, 모셸레스 역시 쇼팽의 피아니즘을 긍정적으로 평가했다. 고전주의와 낭만주의 사이에 끼여 있는 모셸레스는 낭만 시대가 되면서 잊힐 뻔한 베토벤의 피아노소나타를 무대에 자주 올려 소개했다.

라이트가 자신의 오페라 편곡 작품이 된 것은 그래서 당연한 일이었다. 그러나 로시니, 가에타노 도니체티 등의 오페라에 등장하는 주요 선율을 주제로 한 환상곡이나 포푸리(일종의 메들리 곡) 등은 이제 거의 잊혀 소수의 마니아들을 통해서만 기억되고 있다.

쇼팽은 폴란드 친구이자 의사였던 얀 마투신스키에게 나름대로 객관적인 시각으로 탈베르크의 연주에 대해 비판했다.

> 탈베르크는 피아노를 아주 탁월하게 치지만 내 스타일은 아니야. 나보다 약간 어린데 여자들에게 인기가 많지. 오페라 메들리를 만들어 연주하는데, 작게 쳐야 하는 부분에서는 손보다 페달을 써서 효과를 내고, 손이 커서 내가 옥타브를 치는 것만큼이나 10도를 쉽게 짚을 수 있지만 모셸레스를 존경할 줄 모르는 사람이야.
> ─ 해럴드 숀버그, 『위대한 피아니스트』 중

쇼팽이 꽤 긍정적으로 생각한 것이 분명한 모셸레스는 고전주의와 낭만주의 사이에 끼여 있는 세대의 대표적인 음악가로, 다분히 보수적인 이미지가 강하다. 프라하 태생으로 어린 시절 빈에 정착한 그는 홈멜과 라이벌 관계에 있었으며, 말년의 베토벤과 가깝게 교류했다.

모셸레스가 피아노 음악사에서 이루어 놓은 큰 공헌 중 하나는 낭만 시대가 되면서 잊힐 뻔하던 베토벤의 피아노소나타들을 무대에 자주 올려 소개했다는 점이다. 1824년에 모셸레스는 당시 열다섯 살이었던 펠릭스 멘델스존바르톨디를 가르쳤는데, 이것을 계기로 제자가 설립한 라이프치히음악원 초대 교수가 되어 20년간 뛰어난 음악가들을 길러 냈다.

인생의 대부분을 19세기에 보냈지만 스스로 철 지난 옛날 사람이라 여긴 모셸레스는 쇼팽의 작품, 그중에서도 에튀드를 처음 접했을 때 당황했다. 자신의 주법으로는 따라할 수 없는 어려운 기교와 생경한 화음 진행 등이 이해하기 어려웠다. 지나치게 달콤하고 남성성이 결여되어 있다고 쇼팽의 작품을 평가한 모셸레스는 음표들이 쇼팽의 손을 타고 살아나는 것을 직접 목격한 순간 자신의 생각을 바꾸었다. "처음으로 나는 그의 음악을 이해했다. 마치 아마추어가 쓴 것처럼 불규칙한 전조轉調를 쇼팽이 요정 같은 손가락으로 거의 눈치챌 수 없을 것같이 매끄럽게 다루는 것을 본 뒤 작품을 다시 평가하게 되었다. 그는 피아니스트의 세계에서 하나밖에 없는 특이한 존재다."

1785년에 베를린에서 태어난 프리드리히 칼크브레너는 열세 살에 파리음악원을 졸업했고, 1824년부터 사망할 때까지 파리에 정착하여 연주와 교육 활동을 병행했다. 훔멜과 같은 세대의 음악가로, 연주 기법이나 작곡 스타일 등에서 다분히 구시대적이었지만 안정된 기교와 세련되고 우아한 음색을 구사하는 피아니스트로 큰 주목을 받았던 것도 사실이다. 악기사인 플레옐의 임원이기도 했던 그는 부와 명성, 음악가로서의 영향력 모두를 넉넉히 가지고 있었다. 쇼팽도 인상적이었던 그와의 첫 만남을 티투스에게 이렇게 털어 놓았다.

파리에서 잘나가는 젊은 피아니스트들도 칼크브레너에 비하면 아무것도 아니야. 침착하고 매혹적인 터치, 음표마다 드러나는 노련함……. 그 훌륭함을 네게 표현하기가 쉽지 않아. 그는 나와 인사하자마자 연주를 청했고, 난 〈피아노협주곡 제1번 e단조, Op. 11〉을 연주했지. 그도 내 연주에 깜짝 놀라서 연주 방식은 크라머*와 같고, 터치는 필드**와 같다고 칭찬해 주었어.

— 1831년 12월 12일, 쇼팽이 티투스에게 보낸 편지 중

남긴 작품으로 보아 일류 음악가가 되기에는 부족한 칼크브레너가 피아노 음악사에 남아 있는 이유는 많은 부분 쇼팽과 연관되어 있다. 파리의 '큰 인물'이었던 칼크브레너는 떠오르는 젊은 스타에게 3년간 자신의 밑에서 공부할 것을 권유했다. 허풍이 많고 잘난 척하는 것을 좋아한 칼크브레너는 "내가 죽거나, 연주를 중단하게 되면 위대한 피아노 학파를 대표할 사람이 없기 때문"에 쇼팽을 가르쳐야 한다고 주장했다.

쇼팽은 그의 유명세에 잠시 흔들려 고향의 가족과 스승에게 조언을 구했다. 반응은 예상대로 부정적이었고, 부모님과 엘스너 모두 난색을 표했다. 제일 확실하게 반대한 인물은 흥미롭게도 쇼팽과 알게 된 지 얼마 되지 않은 작곡가 멘델스존이었다. 멘델스존은 쇼

---

* 독일 출신의 피아니스트 요한 밥티스트 크라머(1771~1858)를 가리킨다. 낭만주의에서 고전주의로 넘어가던 시기에 피아니스트로 크게 성공했고, 베토벤으로부터 높은 평가를 받았다.
** 아일랜드 출신의 피아니스트 존 필드(1782~1837)를 가리킨다. 녹턴이라는 피아노 소품 양식을 고안하여 쇼팽에게 많은 영향을 끼쳤다.

팽과 1831년 12월에 처음 만났는데, 쇼팽의 고민을 듣자마자 누가 누구를 가르치겠다는지 기가 막힌다고 여겼다. "당신이 어느 때 연주해도 칼크브레너가 최상의 상태로 연주했을 때보다 낫습니다." 쇼팽은 현명하게 칼크브레너의 제안을 거절했고, 칼크브레너도 그의 의견을 이해하고 받아들였다. 두 사람은 이후에도 좋은 관계를 유지했고, 선배는 아직 완전히 자신의 입지를 굳히지 못한 후배를 성심껏 도와주었다.

초기 낭만주의의 기수들

슈만의 음악가적 위상을 이곳에서 모두 논할 수는 없지만, 초기 낭만주의 음악가들이 남긴 많은 글 가운데 '문필가' 슈만의 평론은 탁월한 음악적 상상력이 문학적 향기를 품은 이상적인 예다. 1831년 6월, 라이프치히의 한 악보상에서 돈조반니의 유혹이 피아노적 미감으로 변신한 〈오페라 '돈조반니' 중 '자 서로 손을 잡고' 주제에 의한 변주곡, Op. 2〉를 접한 슈만은 『알게마이네 무지칼리셰 차이퉁』에 쓴 평론에서 "여러분, 모자를 벗으시오. 천재요!"라고 했다. 슈만의 평은 스스로 창조해 낸 가상 인물 플로레스탄과 오이제비우스가 펼치는 열띤 토론으로 꾸며져 있다.

"자 쳐 보게." 플로레스탄이 연주를 요청하자 오이제비우스가 승낙했다. 우리는 창밖에 기대어 귀를 기울였다. 오이제비우스는 신들

린 사람처럼 연주하며 한없이 약동하는 수많은 생명의 형상을 펼쳐
보였다. (…) 우리는 깜짝 놀라 외쳤다. "Op. 2라니!" 엄청나게 놀라
는 바람에 얼굴까지 달아올랐다. "이것은 뭔가 제대로 된 작품인데,
쇼팽이라니 들어 본 적이 없는 이름이야. 누굴까? 어쨌거나 천재야.
거기서 체를리나가 웃고 있잖아. 아니 레포렐로일지도 몰라."

— 1831년 12월 7일, 로베르트 슈만이 『알게마이네 무지칼리셰 차이퉁』에 쓴 평론 중

두 사람은 1835년과 1836년 라이프치히에서 직접 만났다. 쇼팽
보다는 슈만이 더욱 감격한 듯했다.

쇼팽이 이곳에 왔다. 플로레스탄은 몸을 던져 그의 팔에 안겼다. 나
는 이들이 서로 손을 잡고 걷는 것을 보았는데, 그러나 걷는다기보
다 공중에 떠다니는 것처럼 느껴졌다. 나는 이들과 이야기를 나눌
수 없었다.

— 1835년 10월 20일, 슈만이 『음악신보』에 게재한 평론 중

플로레스탄은 격하고 열정적인 감성을 가진 슈만의 문학적 자아
중 하나다.

19세기 낭만 시대 파리에 존재했던 음악가들 중 엑토르 베를리
오즈 이상으로 도전적이고 대담무쌍한 동시에 '파리적'인 인물은
찾아보기 힘들다. 파격과 상징, 암시와 공포로 가득 찬 그의 〈환상
교향곡, Op. 14〉는 당시 가장 급진적이었던 청중에게도 오로지 충
격을 주기 위해 태어난 음악으로 들렸다. 까다로운 쇼팽이 그의 음

낭만주의의 또 다른 기수 로베르트 슈만

쇼팽과 동갑내기로서 초기 낭만주의를 대표하는 독일의 음악가 슈만은 생전에는 작곡가보다는 비평가로 더 유명했다. 『음악신보』라는 잡지를 창간하여 편집자로 일하면서 쇼팽, 멘델스존, 브람스 등의 음악을 세상에 적극적으로 알렸고, 수많은 글을 통해 음악적 상상력과 문학적 상상력의 이상적 결합을 보여 주었다. 그는 특히 쇼팽의 음악에 감탄하여 "여러분 모자를 벗으시오, 천재요!"라는 유명한 말을 남기기도 했다.

악을 순순히 받아들이지 않았음은 당연하다. 그는 베를리오즈의 세계가 지나치게 번잡하고, 휘황찬란하고, 자극적이라고 느꼈다. 그럼에도 베를리오즈를 거인으로 존경했는데, 다른 사람의 음악회에는 많이 가지 않던 그가 베를리오즈와는 작품을 직접 감상하며 교류했다는 점이 특별하다. 베를리오즈도 쇼팽의 피아니즘에 대해 극찬을 아끼지 않았다.

> 무아경의 평화로운 기운이 연주 홀을 메우고 사람들은 한순간 박수조차 칠 수 없는 순간을 느꼈다. 그 강렬한 경험이 주는 흥분은 결코 잊을 수 없는 것이었다. 그의 연주 스타일은 피아노의 해머가 현을 때리는 것이 아니라 그저 붓처럼 쓰다듬기만 하는 것이기 때문에 사람들은 피아노에 더 가까이 가고 싶어진다. 물의 요정이나 엘프가 연주하는 것처럼.
>
> ― 1833년 12월 15일, 「르레노바토」 중

쇼팽의 인생이 조금만 더 길었더라면 아마도 그 인생의 중요한 조연을 맡았을 것이 분명한 음악가는 19세기를 대표하는 피아노의 거인이자 사교계의 왕이었던 프란츠 리스트다. 그는 헝가리 에스테르하지가의 평범한 공무원의 아들로 태어났지만, 문화예술계 사람들뿐만 아니라 러시아, 스페인, 프로이센의 왕족들 앞에서 그들보다 높은 존재로 군림했다. 처음 만난 이들까지 사로잡는 카리스마, 뛰어난 화술과 매너, 무엇보다 누구도 범접할 수 없었던 건반 위에서의 뛰어난 기교와 청의적인 아이디어가 '리스트'라는 브랜드를 구축했다.

리스트는, 베토벤에게 배운 정통 고전파 피아니스트이자 교육가였던 체르니에게서 아홉 살 때부터 열두 살 때까지 빈에서 음악을 배웠다. 체르니는 리스트의 아버지 때문에 제자를 오래 가르치지 못한 것을 아쉬워했지만, 이는 결과적으로 한 세기를 바꾸어 놓은 비르투오소가 탄생하는 데 결정적 영향을 주었다. 그 뒤 리스트는 독학으로 음악적, 문학적 소양을 쌓아 가며 사교계의 중심인물이 되는 준비를 해 나갔다.

쇼팽이 파리에 오기 약 반 년 전인 1831년 3월 9일, 파리오페라극장에서 니콜로 파가니니의 파리 데뷔 연주회가 열렸다. 이 공연은 그 자리에 참석한 모든 이들에게 평생 잊을 수 없는 충격을 주었는데, 특히 리스트에게는 미래의 계시처럼 다가왔다. 과연 악마와 영혼의 거래를 했다고 여겨질 만큼 믿을 수 없는 기교와 무대에서의 존재감을 경험한 리스트는 장차 피아노 위의 파가니니가 되겠다고 결심했다. 피아니스트로서의 뛰어난 신체적 능력과 두뇌는 이를 실현하는 데 적절히 맞추어졌다.

파가니니가 기교적 능력으로 리스트에게 영향을 주었다면 시적인 분위기가 흐르는 스타일, 다시 말해 섬세한 감정 표현에 대한 새로운 가능성을 깨우쳐 준 사람은 쇼팽이었다. 리스트는 쇼팽의 파리 입성이 기성 음악가들의 성향과 전혀 다른 색깔의 음악이 나타나는 신호로 보았고, 그의 혜안은 정확했다.

1832년, 쇼팽이 파리에 도착한 지 얼마 되지 않아 문학에서처럼 음

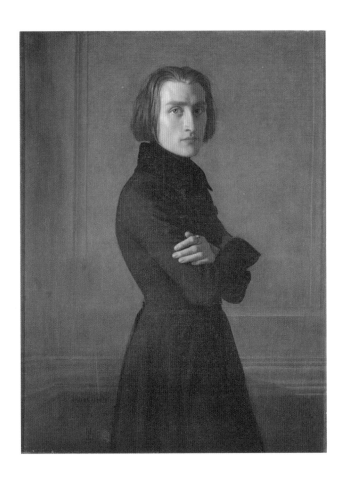

피아노의 거인 프란츠 리스트

쇼팽과 함께 피아노 음악사에 지대한 영향을 끼친 리스트는 화려한 기교와 창의적 아이디어, 보는 이를 사로잡는 카리스마, 세련된 매너와 화술 등으로 가는 곳마다 많은 팬들을 몰고 다니며 한 시대를 풍미했다. 한 살 많은 쇼팽과는 1832년 쇼팽의 파리 데뷔 무대에서 알게 되었으며, 서로 음악적 성향이 대척에 있음에도 막역한 사이로 지냈다. 슈만 못지않게 뛰어난 글솜씨까지 겸비하여 쇼팽에 대한 최초의 전기를 쓰기도 했다.

악에서도 새로운 사조가 형성되었다. 쇼팽은 관례적 스타일의 속박에 얽매이는 것으로부터 해방을 추구하고, 온갖 유형의 엉터리 협잡을 거부하는 사람들과 정신적인 유대감을 느끼고 있다.

— 프란츠 리스트, 『내 친구 쇼팽』 중

뛰어난 피아니스트이자 작곡가였던 리스트도 슈만 못지않은 글솜씨를 지녔다. 『내 친구 쇼팽』이라는 제목의 공식적인 첫 쇼팽 전기도 리스트가 쓴 것이다. 전반적으로 미사여구로 가득 차 있어 지루한 부분이 없지 않지만 동료의 성격 분석을 길지 않은 문장으로 표현한 부분은 감탄을 불러일으킨다.

그는 수없이 다채로운 뉘앙스로 뭉친 사람이었다. 그 뉘앙스들은 서로 부딪히기도 하고 서로를 은폐하기도 하기 때문에 한 번에 해독하기 불가능했다.

— 프란츠 리스트, 『내 친구 쇼팽』 중

정신적, 육체적으로, 추구하는 음악의 성향까지도 서로 대척점에 서 있던 두 사람 사이에서 쇼팽이 먼저 적극적으로 다가섰으리라 예상하는 사람은 별로 없을 듯하다. 실제로 쇼팽은 리스트가 자신의 에튀드들을 연주할 때 보여 준 가공할 기교와 힘에 대해 직접적으로 부럽다는 표현을 한 적은 있지만, 음악가로서 그의 역량에 대해서는 의심의 눈초리를 보냈다. "리스트의 능력으로는 에티오피아나 콩고의 왕이 될 수도 있을 거야. 하지만 작곡으로는……."

이것은 쇼팽이 리스트가 무대 위에서 〈오페라 환상곡〉이나 〈헝가리 광시곡〉 등으로 화려한 기교적 효과를 보여 주던 젊은 시절에 내린 평가로, 그가 리스트의 생애 후반부에 나온 걸작들을 접하지 못한 것이 유감스럽다. 하지만 상드를 포함하여 쇼팽이 맺은 여러 인연의 다리로서 리스트의 존재는 매우 중요하다. 또한 초기 낭만주의를 대표하는 두 거인의 애증이 이 시대 음악사의 하이라이트인 것도 사실이다.

파리의 무대에 오르다

천재의 날개를 펼칠 때가 다가왔다. 작곡가 로시니와 루이지 케루비니, 명가수 조반나 바티스타 루비니와 마리아 말리브랑, 시인 하인리히 하이네, 소설가 오노레 드 발자크, 알렉상드르 뒤마가 숨 쉬고 있는 파리는 그들의 이름만으로도 스물한 살 쇼팽의 가슴을 뛰게 했다. 자신을 도와주거나 밀어줄 사람을 찾지 못했던 빈과 비교하면 파리의 상황은 매우 희망적이었다.

스스로 연주자로서의 명성과 작곡가로서의 입지를 동시에 쌓을 수 있다고 생각한 1831년 말의 쇼팽은 그의 인생에서 드물게 강한 자신감을 가지고 있었다. 절치부심해 준비한 파리 데뷔는 애초 12월 25일에서 이듬해 1월 15일로, 출연진의 사정으로 다시 2월 25일로 옮겨지기는 했지만 그 결과 더 많은 이들의 주목을 불러일으켰다.

데뷔 무대의 프로그램은 베토벤의 〈현악오중주 C장조, Op. 29〉,

쇼팽의 〈피아노협주곡 제1번 e단조, Op. 11〉(현악사중주 반주), 〈오페라 '돈조반니' 중 '자 서로 손을 잡고' 주제에 의한 변주곡, Op. 2〉, 칼크브레너의 여섯 대의 피아노를 위한 〈서주와 행진곡이 붙은 대폴로네즈〉였다. 마지막 곡은 여섯 명의 피아니스트가 함께 연주하는 장관을 이루었다. 쇼팽, 칼크브레너, 조지 온즐로, 아달베르트 소빈스키, 카미유마리 스타마티, 페르디난트 힐러가 무대에 올랐다. 힐러는 훔멜의 제자로, 쇼팽과 절친이 되어 편지로 많은 대화를 나누었다.

　연주 장소인 플레옐홀은 이 회사의 임원이었던 칼크브레너의 배려로 마련되었다. 약 300명 정도의 청중이 들어가는 이 홀은 대형 공연장은 아니지만 폴란드에서 온 천재의 뜨거운 성공을 기념하기에는 충분했다. 리스트와 멘델스존을 비롯하여 파리의 모든 피아니스트가 감상한 이날의 연주는 많은 이들에게 누구도 상상하지 못한, 피아노 위의 독창적 아이디어가 생명을 얻기 시작한 날로 기억되었다.

　성공적인 데뷔 무대에 힘입어 1832년 5월 20일에 열린 음악회는 모스크바 왕자가 빈민 구제를 위해 연 자선 공연이었다. 파리음악원 홀에서 열린 이 무대에서 쇼팽은 주최자의 요청에 따라 〈피아노협주곡 제1번 e단조, Op. 11〉의 1악장을 연주했는데, 2월의 연주에 비해 반응은 좋지 않았다. 지나치게 무거운 피아노 건반 때문에 특유의 섬세한 터치가 살아나지 않았고, 큰 음량을 내기 힘들어하는 쇼팽의 약점이 노출되었던 것이다. 갑자기 용기를 잃은 그는 일시적이었지만 다시 활동 근거지를 옮길 생각을 했다. 영국이나 미국,

쇼팽의 파리 데뷔 무대였던 플레옐홀

1832년 2월 25일, 쇼팽은 칼크브레너의 지원 아래 플레옐홀에서 파리 데뷔 연주회를 하여 뜨거운 반응을 불러일으켰다. 한 평론가는 이날의 연주회를 두고 "천부적인 느낌에 자신을 그대로 내맡기고 어떤 본보기도 취하지 않음으로써 피아노 음악을 (…) 적어도 일부는 새롭게 고쳐 썼다"라고 평했다. 객석에는 리스트, 멘델스존 등 당대 피아니스트라는 피아니스트는 다 모였을 정도였다.

아니면 다시 바르샤바로 돌아갈지 고민하게 된 데는 당시 파리에 유행했던 콜레라도 한몫했다.

상황의 반전은 우연한 계기를 통해 찾아왔다. 쇼팽은 길을 걷다가 폴란드 출신의 귀족이자 자신의 팬인 발렌틴 라지비우 공을 만났다. 라지비우 공은 음악회 몇 번의 수입으로 겨우 버티고 있던 쇼팽을 유럽 최고 은행가 집안의 막내아들인 자코브 로스차일드에게 데려가 소개했다. 로스차일드 가문은 쇼팽에게 호의적인 반응을 보였다. 그 뒤 쇼팽은 상당히 안정적인 경제적 기반 위에서 생활하게 되었다. 아울러 성공적인 연주회 이후 몰려드는 학생들을 부지런히 가르치면서 수입을 올리기도 했다.

아버지 덕분에 프랑스어를 구사하는 데 아무런 불편함이 없었다고 해도 바르샤바에서 온 이 '시골 청년'이 거주할 집을 찾는 일은 간단하지 않았을 것이다. 그가 파리에 와서 처음 1년 동안 산 곳은 푸아소니에르대로 27번지다. 그는 이 건물 5층에 살았는데, 친구들에게 편지로 몽마르트르에서 판테온까지 모두 보이는 뛰어난 전망을 자랑하고 집 안의 가구들이 모두 마호가니라며 고급스러운 곳에서 살게 된 것을 기뻐하며 알렸다. 다만 엘리베이터도 없던 시절 폐가 약했던 쇼팽에게 계단을 오르내리는 일은 고통스러웠을 듯하다. 말이 '대로'이지 이제는 지나가는 사람과 차로 인해 작은 골목과 별차이가 없게 된 건물 앞은 분주한 카페와 스포츠 용품 가게 등이 차지하고 있다. 작지만 분명하게 붙어 있는 현판이 파리에 온 쇼팽의 첫 거주지였음을 알려 준다.

횡단보도를 살짝 건너 안쪽 블록으로 들어가면 쇼팽의 두 번째 집이었던 시테베르제르 4번지가 나온다. 현재는 호텔로 운영되고 있는 건물 2층에 자리를 잡았는데, 무엇보다 귀족 여성들이 대부분이었던 그의 학생들이 오르내리기 편해졌다는 점이 의미 있다. 건물의 정면은 차들이 다니기 힘들 정도로 좁은 뒷골목에 있다. 몇 발자국만 나가면 레스토랑과 식료품점, 신발 가게 등이 이어지는 길임에도 이곳은 비교적 조용하다. 하지만 좁은 집에 불만을 느꼈는지 쇼팽은 1년도 되기 전인 1833년 6월에 쇼세당탱가 5번지로 이사했다.

지하철 쇼세당탱라파예트역 근처에 있는 이곳은 생마들렌성당과 갤러리라파예트, 파리오페라극장이 있는 파리 북서부 최고의 부촌이다. 분명 젊은 음악가가 부담하기에 어려운 높은 월셋집이었지만, 당시 로스차일드 가문의 지원이 결정적이었으리라 생각한다. 쇼세당탱 지역은 로스차일드 가문의 대저택이 위치한 곳이기도 했다.

룸메이트도 생겼는데, 폴란드 시절부터 친구였던 알렉산드르 호프만이라는 이름의 의사였다. 호프만은 다른 곳으로 일자리를 옮길 때까지 쇼팽과 함께 살았고, 1834년 호프만이 떠난 뒤에는 역시 의사였던 친구 얀 마투신스키가 그 자리를 대신했다. 의사인 두 룸메이트는 늘 약했던 음악가에게 최상의 동거인들이었다. 마투신스키는 결혼한 지 6년 만에 갑자기 세상을 떠나 쇼팽을 충격에 빠트리기도 했다.

쇼팽이 파리에서 두 번째로 살았던 시테베르제르 4번지

쇼팽이 첫 번째로 살았던 푸아소니에르대로에서 횡단보도를 건너 안쪽 블록으로 들어가면 시테베르제르 4번지가 있다. 쇼팽은 이곳의 2층에서 살았다. 첫 번째 집과 달리 오르내리기가 편해지면서 귀족 여성들을 대상으로 하는 레슨에도 도움이 되었다. 레슨은 그의 주 수입원이 있다.

파리의 한복판에서

낮에는 집에서 연습하거나 학생들을 가르치고 밤에는 사교 생활을 하던 이 시기의 쇼팽은 빈번하게 무대에 올랐다. 특히 당시 유행하던 스펙터클한 비르투오소들의 음악회에 찬조 출연을 하거나 협주를 한 경우가 많았다. 1833년 4월에는 리스트와 당시 높은 인기를 누리던 살롱 음악 전문 피아니스트인 앙리 헤르츠 등과 함께 두 대의 피아노를 여덟 개의 손으로 연주하는 음악회에 출연했다. 1833년 12월 15일에는 힐러의 초청을 받아 리스트와 함께 바흐의 〈세 대의 피아노를 위한 협주곡, BWV 1063〉을 연주했다.

베를리오즈의 걸작 〈환상 교향곡, Op. 14〉 속의 여주인공이자 잠시 그의 부인이기도 했던 해리엇 스미스슨이 마련한 음악회에 찬조 출연을 한 적도 있는데, 이를 계기로 쇼팽은 베를리오즈가 지휘하는 음악회에서 〈피아노협주곡 제2번 f단조, Op. 21〉의 느린 악장을 무대에 올렸다. 지나치게 내성적인 표현으로 열광적인 반응은 얻지 못했지만, 그의 독보적인 피아니즘은 점점 윤곽을 뚜렷이 드러내기 시작했다.

1835년 2월 25일, 에라르홀에서는 힐러와 함께 힐러의 작품인 〈두 대의 피아노를 위한 그랜드 듀오, Op. 135〉를 초연했고, 4월 4일에는 테아트르이탈리앙에서 프랑수아 아브네크의 지휘로 협연 무대에 올랐다. 이날은 특히 쇼팽의 〈피아노협주곡 제1번 e단조, Op. 11〉을 파리에서 첫선을 보였다는 점에서 중요하다. 폴란드 망명 동포들을 돕기 위한 자선 음악회로 열린 이날 공연에는 리스트도 나서 얼마

전 힐러와 함께 연주한 이중주곡을 쇼팽과 함께 선보였다. 이날의 음악회에 대해 음악 전문지 『르뷔 에 가제트 뮈지칼 드 파리』는 이렇게 평했다.

그 구성이 매우 독창적이며 평범하지 않은 디테일과 고조되는 주제가 가득한 쇼팽의 협주곡은 큰 성공을 거두었다. 피아노협주곡이 단조로움에 빠지지 않기란 힘든 일이다. 예술가들은 이미 낡아버린 형식에 새로운 생명을 불어넣은 그의 놀라운 능력에 놀랄 수밖에 없었다.

— 『르뷔 에 가제트 뮈지칼 드 파리』 1835년 4월 12일 중

이른바 '낭만주의의 젊은 기수'들 중 가장 보수적이었던 멘델스존이 당시 쇼팽의 스타일에 대해 자신의 어머니에게 설명한 내용은 날카로우면서도 흥미롭다.

현재 활동하는 피아니스트 중 최고는 쇼팽입니다. 그의 연주는 파가니니의 바이올린 연주를 들을 때만큼 충격적이죠. 힐러도 우아함과 박력을 갖춘 비르투오소입니다. 하지만 두 사람 모두 파리 음악계에서 볼 수 있는 나쁜 경향, 그러니까 절망에 빠져 슬픈 척하는 습관이 있습니다. 그들은 감정을 과장하고 템포와 리듬도 과장합니다. 저는 그들과 정반대죠. 우리는 서로 보완해야 한다고 생각합니다.

— 1834년 말, 멘델스존이 어머니에게 보낸 편지 중

적당한 센티멘털, 우수에 젖은 분위기, 조용하고 내성적인 기질 등이 쇼팽의 인기에 많은 부분 기여했다고 보는 것도 무리는 아니다.

파리에 온 폴란드의 별이 연주자로 그 정점을 찍은 공연은 1835년 4월 26일에 있었던 파리음악원 무대였다. 아브네크의 추천으로 열린 이날 음악회는 쇼팽이 파리에 온 직후부터 기다리고 있던 무대였다. 무엇보다 파리음악원 연주협회의 후원이 당시 젊은 음악가들에게는 매우 큰 영예로 여겨졌기 때문이다. 이날 쇼팽은 〈안단테 스피아나토와 화려한 대폴로네즈, Op. 22〉를 초연했다. 두 개의 피아노협주곡에 비하면 작은 곡이지만, 그의 연주는 베토벤의 교향곡들 앞에 배치되어 많은 이들의 주목을 끌었다. 청중은 특유의 섬세함과 은밀한 독백과도 같은 연주 스타일에 기분 좋은 충격과 쾌감을 맛보았다.

오케스트라와 함께 연주하는 명랑한 분위기 속 현란한 기교가 나타나는 폴로네즈 부분보다 청중을 매료한 부분은 피아노가 혼자 연주하는 안단테 스피아나토였다. '스피아나토'는 이탈리아어로 매끄럽고 안정되게 연주하라는 지시어다. 쇼팽은 소년 시절에 경험한 폴란드 농민의 순수하고 맑은 감성에 깊이 공명한 모습이다.

끝이 보이지 않는 아득한 평원에 나지막하지만 또렷한 소리로 울려 퍼지는 농부들의 순진한 노랫가락으로 시작하는 안단테는, 은근한 율동감을 지닌 세 박자 리듬의 중간부로 이어진다. 이 부분의 능청능청 늘어지며 흔들리는 농부들의 가락을 피아노로 표현하기란 쉽지 않다. 그런데도 회한과 동경, 잊고 싶지 않은 즐거운 고향의 추억을 오로지 피아노 소리만으로 빚어낸 쇼팽의 시적 표현력에 새삼 놀라게 된다. 아무 걱정 없는 듯 흥겹고, 즉흥풍의 장식으로 자신의 감정을 자연스럽게 드러내며 기분을 고양시켜 가는 화려한 폴로네즈는, 안타깝게도 쇼팽이 행복하고 즐겁게 부를 수 있었던 폴란드 노래 중 마지막 자리에 위치한다. 스물다섯 살 청년의 삶은 깊은 좌절과 긴 고통을 치러야 잠깐의 행복을 누릴 수 있는 기구한 방향으로 흘러갔기 때문이다.

쇼팽국제피아노콩쿠르 우승자 조성진을 만나다

오래 기억되거나 평생의 추억으로 남는 공연이 되려면 여러 가지 조건이 합쳐져야 가능하다. 같은 곡을 같은 연주자가 무대에 올리더라도 시간예술의 특성상 그 행위는 매번 완전히 새로운 것이 될 수밖에 없는 단 한 번의 사건이다. 게다가 내가 좋아하는 음악가가 흔하지 않은 레퍼토리를 연주하거나 이번이 아니면 다시 만날 가능성이 희박한 음악회라면 청중의 기대와 끝난 뒤의 감상은 그야말로 '인생 경험'으로 남기 마련이다.

피아니스트 조성진의 이날 연주도 그렇게 소중한 시간으로 기억된다. 2018년 봄, 독일 뮌헨의 레겐텐플라츠테아터에서 있었던 조성진과 실내악단 크레메라타발티카의 공연은 쇼팽 프로그램으로 채워졌다. 크레메라타발티카의 리더인 바이올리니스트 기돈 크레머, 첼리스트 기에드레 디르바나우스카이테와 함께 〈피아노삼중주 g단조, Op. 8〉을, 실내악 편성으로 〈피아노협주곡 제1번 e단조, Op. 11〉과 〈피아노협주곡 제2번 f단조, Op. 21〉을 협연했다. 러닝타임도 길고 피아니스트에게 무척 부담이 많이 가는 작품들이었는데, 조성진은 리허설이 끝난 뒤 잠깐 짬을 내어 인터뷰에 응해 주었다.

"크레메라타발티카와는 예전에 연주한 경험이 있는데, 이런 구성의 프로그램은 저로서도 드물게 만나는 것 같습니다. 특히 피아노에 많은 비중이 있는 삼중주 같은 경우는 음표도 많고 시종 리더의 자리에서 끌고 가야 하는 난곡이죠. 하지만 풍성하면서도 자유로운 화성 변화와 거기에서 만들어지는 세련된 음향을 들으면서 쇼팽은 역시 젊은 시절부터 완숙한 천재의 면모를 가지고 있었던 인물이라는 것을 실감합니다. 피아노협주곡 두 곡은 많이 다루는 작품이지만 이렇게 서른 명 정도의 소규모 오케스트라와 함께하는 경험은 색다르죠. 쇼팽의 피아니즘이 더 순수하게 나타날 수 있는 편성인 것 같습니다."

조성진의 눈부신 성장과 행보에 대해 따로 설명할 필요는 없을 듯하다. 2011년 러시아 차이콥스키국제음악콩쿠르에서 대회 참가 연령에 대한 룰을 바꾸는 기록을 세우며 3위에 오른 열일곱 살의 소년은, 2014년 아르투르루빈스타인콩쿠르 입상에 이어 이듬해인 2015년 제17회 바르샤바 쇼팽국제피아노콩쿠르에서 누구도 이의를 달 수 없는 탁월한 기량으로 우승을 차지했다. 마우리치오 폴리니, 마르타 아르헤리치, 크리스티안 지메르만 등 최고의 이름들이 이 자리의 영광을 대변한다.

아울러 이 위치의 피아니스트는 그에 걸맞은 예술가로서의 의무에 가까운 숙제도 떠안아야 하는데, 바로 '쇼팽 전문가'라는 이미지를 벗고 거듭나야 하는 과정을 의미한다. 다행히 조성진 역시 위대한 선배들처럼 이 지난한 통과의례를 슬기롭게 헤쳐 나가고 있다. 고전부터 현대에 이르기까지 다양한 레퍼토리를 연주하고 녹음하여 놀라운 성과를 거두고 있으며, 바리톤 마티아스 괴르네 등과의 작업을 통해 독일 리트를 연구하는 피아니스트로서의 면모도 보이는 등 그의 관심사는 전방위적으로 뻗어 있다.

"이제는 저의 음악적 고향과 같은 쇼팽인만큼 가끔 쇼팽국제음악콩쿠르 당시의 실황 연주를 듣습니다. 예전의 제 해석은 무척 세심하고 쇼팽의 멜로디 라인을 노래하는 서정성의 굴곡을 조심스럽게 표현하려고 했다는 인상이 들어요. 요즘은 좀 더 작품을 크고 넓은 시각으로, 긴 호흡으로 바라보게 된 것 같습니다."

당연한 일이겠지만 대회 이후 그가 연주하는 쇼팽은 그 결부터 완전히 새로운 모습으로 다가온다. 입상 이후 발표한 발라드 네 곡이나 그 밖에도 독주 무대에서 선보인 〈피

제17회 쇼팽국제피아노콩쿠르 우승자인 조성진.

아노소나타 제3번 b단조, Op. 58〉 등에서 보여 준 과감하면서도 선 굵은 해석과 명암이 뚜렷해진 다이내믹함, 무엇보다 라이브에서만 경험할 수 있는 청중과의 말 없는 교감에서 나오는 아우라를 자유자재로 다루는 솜씨는 그에게서 젊은 대가의 완숙함을 엿보게 한다.

이른바 '될성부른 나무'로 주목받는 경이로운 재능의 소유자들은 기적처럼 지니고 태어난 자신의 기질을 마구 나타내는 방법뿐만 아니라 '관리'하고 '성장'시키는 요령도 매우 빨리 습득하는 특징이 있으며, 조성진은 그 좋은 예를 보여 준다고 하겠다. 작곡가에 대한 총체적인 예술관을 파악하고 악보에 생기를 부여하는 작업에서 최상의 결과를 뽑아내는 자신만의 원칙은 누구에게나 필요하다. 쇼팽을 연주하는 조성진의 원칙과 기준은 어디에 그 뿌리를 두고 있을지 궁금했다. 콩쿠르 전부터 쇼팽의 음악적 근거지인 파리에서 공부하고 있던 그였다.

"생각하면 할수록 쇼팽은 극단의 요소를 많이 가지고 있었던 인물 같아요. 유럽의 변방이라 할 수 있었던 바르샤바에서 태어났지만 파리에 오자마자 화려한 도시의 삶에 적응해 자신을 화려하게 꾸미고 치장했죠. 반면 작품에서는 고향을 그리워하며 폴란드의 향토색이 짙은 곡들을 써냈는데, 자신의 내면도 그만큼 갈등하지 않았을까 싶어요. 그가 빚어낸 피아노 사운드 속에 빠져드는 것만이 이 신비스러운 문제를 풀 수 있는 해답 같습니다."

돌이켜 보면 조성진이 거둔 승리는 '변화'와 '절충' 사이에 합리적인 위치를 찾아낸 이상적인 쇼팽 해석의 승리였다고 생각된다. 자신들의 원칙을 고이 간직하고 순혈주의적 쇼팽을 가장 높은 위치에 두었던 폴란드 심사위원들은, 타고난 감각과 작곡가의 스타일을 절묘하게 결합시키고 거기에 특유의 집중력과 재치로 흥미로운 스토리텔링을 이어 나간 조성진의 손을 들어주며 자신들의 쇼팽도 창의적인 변화를 맞아야 할 때가 왔다고 실감했을 것이다. 그가 예상하는 21세기의 쇼팽은 어떤 모습일지 궁금했다.

"세기가 바뀌어도 전통의 힘은 강력합니다. 상상력이 풍부한 프랑스의 피아니스트들인 알프레드 코르토, 상송 프랑수아 등이 연주하는 프렐류드나 녹턴의 아름다움은 영원히 그 빛이 바래지 않죠. 아르투르 루빈스타인을 비롯해 폴란드 피아니스트들이 보여 주는 당당함과 권위 역시 마주르카나 폴로네즈에 고스란히 살아 있습니다. 쇼팽을 연주하는 모든 피아니스트들은 이들의 유산을 끊임없이 연구하면서 새로운 길을 찾아내고 있죠. 그 탐험은 끝이 없고 어찌 보면 너무나 광활한 느낌이지만 다양한 생각의 음악가들과 교류하고 더 많은 무대와 연주를 경험해 간다면 제가 창조해 갈 쇼팽의 세계도 점점 풍성해질 것이라고 기대합니다."

모야 비에다

사랑과 살아가다

쇼팽은 수줍고 약한 남자였다. 이 말에 크게 놀라거나 이견을 달 사람은 없을 듯하다. 선천적으로 온순해 큰 말썽을 부리는 일이 없었던 소년은 음악을 할 때가 아니면 남들 앞에 나서는 것을 좋아하지 않았다. 친구들과 까불면서 놀거나, 특히 남의 흉내를 그럴싸하게 잘 내는 능력으로 작은 화젯거리가 될 때도 마찬가지였다. 어떤 언행도 결코 스스로 만들어 놓은 선을 넘지 않는 성향은 특유의 수줍음에서 비롯되었으리라 보인다.

날 때부터 아팠던 것은 아니었으나 쇼팽은 다른 아이들처럼 산과 들에서 마구 뛰어다니는 아이도 아니었다. 성격이 예민한 만큼 잔병 치레도 했는데, 병에 대한 소심증과 공포는 아마도 1827년 열네 살이었던 막내 동생 에밀리아가 폐결핵으로 사망한 뒤 더욱 깊어진 듯하다. 가족들은 허약했던 에밀리아를 위해 1826년 여름에 실레지아 지방의 온천으로 요양을 다녀오는 등 노력했지만 허사였다. 동생이 사망할 즈음 쇼팽도 폐가 좋지 않다는 진단을 받았다. 혹자는 그를 평생 따라다닌 병이 에밀리아에게서 왔으리라 짐작하지만, 육체의 병보다 큰 마음의 병이 마음속 깊은 구석에 자리 잡았을 것이다.

약하고 자주 아픈 아이들에게 제일 큰 힘이 되어 주는 존재는 무엇보다 어머니다. 유스티나는 아이들을 무조건 치마폭에 감싸기보다는 화목하고 즐거운 분위기를 유도하는 슬기로운 여성이었다. 시골 귀족이기는 하나 지체 낮은 가문에서는 배우지 못하는 피아노를 다룰 줄 알았던 그녀는 귀가 예민한 아들에게 첫 번째 교사가 되어 주기에 충분했다. 독실한 가톨릭 신자였으나 옛 설화나 민담 같은 것도 많이 알고 있어 아이들에게 자주 이야기해 주었다.

연약한 남자 아이는 누나 루드비카와 동생들인 이자벨라, 에밀리아를 무조건 믿고 의지했다. 자매들은 그에게 무조건적인 사랑을 베풀었고, 아이는 왕자처럼 자라났다. 부드러운 기질의 아이는 늘 크고 작은 도움을 받으며 상처 입는 일에 익숙하지 않은 사람으로 성장했다.

쇼팽의 남성성을 어떻게 바라보아야 하는지는 어려운 문제가 아닐 수 없다. 간혹 티투스와 주고받은 편지에서 은밀한 사생활이나 친구 이상의 사이에만 나눌 수 있는 어투 등을 엿볼 수 있지만, 그것으로 그의 동성애 성향을 단정하는 것은 무리이며, 사실을 입증할 수 있는 증거는 어디에도 없다. '서로 사랑하는 것을 알고 있다'며 남다른 애정을 공공연히 고백한 쇼팽이지만, 자신보다 육체적으로 강했던 절친에 대한 절대적인 신뢰와 의지로 보는 편이 옳다.

쇼팽은 어릴 때부터 예쁘고 상냥하며 무엇보다 음악에 소질을 보이는 여성이라면 금방 좋아하는 감정을 느꼈다. 폴란드 시절 그의

피아니스트로서 활동의 정점을 찍을 무렵인 스물다섯 살의 쇼팽

1834년 12월에 쇼팽은 세 번이나 대중 앞에서 연주했다. 1835년 봄에도 세 번이나 무대에 올랐다. 피아니스트로서 활동의 정점을 찍는 듯했지만 전염성 독감이 그의 발목을 잡으면서 그는 심한 기침과 각혈에 시달렸다. 기침병과 향수, 그것은 쇼팽의 남은 인생을 계속해서 따라다니는 것이 되었다. 이 초상은 쇼팽과 혼사가 오갔던 마리아 보진스카가 그린 것이다.

뮤즈는 두 개의 협주곡을 쓰게 만든 콘스탄챠임이 분명하지만, 그가 오직 그녀만을 바라본 것은 아니라는 사실이 여러 편지로 전해진다. 1830년 여름, 전도유망한 쇼팽이 장차 큰 세상으로 떠나기 직전에 만났던 앙투안 라지비우 공의 열일곱 살 된 딸 반다는 잠시 청년의 마음을 흔들었다. 포즈난의 대공이며 프로이센 왕가와 혼인으로 맺어진 라지비우 공은 음악 애호가이자 뛰어난 첼리스트이기도 했는데, 쇼팽은 부녀가 함께 연주할 수 있는 〈서주와 화려한 폴로네즈 C장조, Op. 3〉을 만들었다. 이보다 1년 전 쇼팽은 〈피아노 트리오 g단조, Op. 8〉을 만들어 자신의 음악과 연주를 사랑하는 라지비우 공에게 헌정했다.

그에게 잠깐의 연정을 불러일으킨 인물은 이 밖에도 몇 명 더 있다. 빈에서 알게 된 신문사 집안의 여성 레오폴딘 블라헤트카에 대해 처음에는 관심이 없었던 쇼팽은 그녀를 직접 만나고 마음을 바꾼 듯하다. 몰락한 귀족 가문이었던 마리올 백작의 딸 알렉산드린드 마리올 역시 쇼팽에게 적극적인 애정 공세를 보였던 것으로 유명하다. 금방 사랑을 느끼고 또 잊어버린다고 해서 쇼팽이 호색한이나 바람둥이는 결코 아니었으며, 오히려 자신을 엄마처럼 품어줄 대상을 찾고 있었을지도 모른다.

이별의 왈츠

기침병과 향수, 그리고 옛 기억은 짧았던 쇼팽 인생의 주요 장면

들을 이어 놓는 묘한 고리다. 피아니스트로서 쇼팽이 활동의 정점을 찍었다고 할 만한 1835년 4월 26일의 파리음악원 무대를 두어 달 앞두었을 때부터 쇼팽은 당시 유행하던 독감에 걸려 기침을 심하게 했고 급기야 피까지 토했다. 진지한 휴식이 필요하던 그에게 참으로 반가운 소식이 전해졌다. 여름휴가 때 가족들이 바르샤바를 떠나 요양 도시로 유명한 칼스바트로 간다는 소식이었다. 칼스바트는 베토벤과 요한 볼프강 폰 괴테가 운명적으로 만난 곳으로도 유명하다. 쇼팽은 한달음에 달려가 8월 15일 칼스바트에 도착했다. 약 5년 만에 가족과 만나는 것이었으니 그 기쁨이 어땠을지 그려지고도 남는다.

달콤한 행운도 이어졌다. 툰호렌슈타인 백작을 그곳에서 마주쳤는데, 그의 아들들이 과거 쇼팽에게 배운 적이 있었다. 쇼팽은 가족들과 약 한 달 만에 헤어진 뒤 백작의 성에 잠시 머물다 파리로 떠났다. 이때 드레스덴을 거쳐 가게 되었는데, 그곳에서 폴란드 기숙학교 시절 친구인 펠릭스 보진스키를 만났다. 보진스키 집안은 1831년에 폴란드를 떠나 제네바에 자리 잡았는데, 때마침 여름휴가를 보내러 드레스덴에 와 있었다. 우연에 가까운 만남은 펠릭스의 여동생 마리아 보진스카를 만난 뒤 커다란 행복으로 변했다. 쇼팽이 마리아를 바르샤바에서 처음 보았을 때 그녀는 열한 살이었다. 친구의 여동생을 본 반가움은 드레스덴에서 2주간 머무르며 사랑으로 변했다.

사랑을 키워 가기에는 아쉬웠던 2주간의 만남을 뒤로 하고 쇼팽은 라이프치히로 향했다. 이곳에서 그는 슈만을 비롯하여 클라라

가족과 5년 만에 재회한 칼스바트

1835년 8월, 진지한 휴식이 필요했던 쇼팽은 온천지로 유명한 체코 서부 칼스바트에서 가족과 5년 만에 반가운 재회를 했다. 쇼팽은 "부모님과 나는 (…) 끊임없이 이야기하고, 먹고, 마시고, 껴안고 투정하고. 난 정말 더할 나위 없이 행복했어"라며 기뻐했다. 쇼팽의 가족은 약 한 달간 머문 뒤 헤어졌는데, 이후 그들은 살아생전 다시 만나지 못했다.

비크를 만났다. 나중에 슈만의 부인이 되는 클라라는 공교롭게도 마리아와 생몰 연도가 같다. 당시 열여섯 살이었던 클라라는 이미 피아니스트로서의 기량이 절정에 올라 유럽 최고의 연주자 중 하나가 되어 있었다.

흥미로운 것은 그녀의 아버지이자 스승이던 프리드리히 비크의 태도였다. 쇼팽은 슈만과 클라라, 비크 앞에서 연주했는데, 까다롭고 음악에 대해 지극히 보수적인 비크 선생도 쇼팽의 음악을 인정하게 만들었다. 어쩌면 자신의 음악에 대해 비크보다 더 예민하고 까다로운 사람이라고 할 수 있는 쇼팽도 클라라가 자신의 작품을 연주하는 것을 듣고 엄지손가락을 세워 주었으니, 매우 화기애애한 만남이었던 듯하다. 비크는 완고했지만 불필요한 선입견으로 자신의 생각을 닫아 놓는 사람은 아니었던 것 같다. 일찍이 1832년 7월에 자신의 딸에게 쇼팽의 〈오페라 '돈조반니' 중 '자 서로 손을 잡고' 주제에 의한 변주곡, Op. 2〉를 무대에 올리게 한 사실도 그 증거로 들 수 있다. 클라라는 그 뒤로도 쇼팽의 작품을 적극적으로 무대에 올린 초창기의 선구자였다.

안타깝게도 마리아와 헤어진 뒤 쇼팽의 건강은 다시 나빠졌다. 파리로 오는 길에 잠시 들른 하이델베르크에서 다시 감기가 도졌고, 경과가 좋지 못해 그해 말에는 '쇼팽이 여행 중 사망했다'는 헛소문까지 돌았다. 이 소문을 들은 보진스키 일가에서는 장차 사위가 될지도 모르는 쇼팽의 건강에 대해 심각하게 염려하기 시작했다. 해가 바뀌고 봄에 다시 드레스덴에서 마리아와 만나기로 한 약속은 그래서 틀어지고 말았다.

1835년 가을, 막연한 미래를 두고 헤어진 두 연인 앞에 작은 왈츠가 남았다. 〈왈츠 A플랫장조, Op. 69-1〉이라는 이 곡은 쇼팽 사후인 1855년 폰타나에 의해 출판되었다. 렌토(매우 느리게)라는 지시어가 붙은 이 곡은 전체적으로 차분하며, 하행하는 멜로디 속 마디마디마다 작곡가의 시름이 느껴진다. 중간부는 한층 밝아진 분위기로 마주르카의 율동감이 나타나며, 쇼팽 특유의 반음계적 진행이 불안하면서도 설레는 기분을 느끼게 한다. 이 곡을 헌정받은 마리아는 '이별의 왈츠'라는 이름을 붙여 오랫동안 아꼈다. 애틋함을 가득 담은 악상은 아직도 그 이름으로 사랑받고 있다.

저와 우리 가족들은 토요일 당신이 떠나실 때 모두 눈물지었습니다.
— 1835년 9월 26일, 마리아 보진스키가 쇼팽에게 보낸 편지 중

쇼팽이 드레스덴을 떠난 직후 마리아가 보낸 편지를 보면 그녀도 쇼팽만큼이나 깊은 사랑에 빠져 있음을 짐작할 수 있다. 이탈리아의 혈통이 흐르는 집안 배경에, 검은 머리와 매력적인 눈매를 가진 마리아는 누가 보아도 탐낼 만한 신붓감이었다. 다행히 두 사람의 만남은 이듬해인 1836년에도 이어졌다. 건강 문제로 다른 사람들을 걱정시킬까 두려웠던 쇼팽은 그해 봄을 기약한 만남을 일부러 미루었다. 그 대신 파리 북부 앙기엥호수 근처에 있던 포토츠카 백작 부인의 별장에 머무르며 심신을 다스렸다.

보진스키 집안이 그를 정식으로 초대한 것은 7월 초였다. 장소는 칼스바트 근처 보헤미안 지방의 온천지인 마리엔바트였다. 그곳에

서 1년 만에 마리아와 재회한 쇼팽은 꿈 같은 시간을 보냈다. 마리아는 음악적 재능도 뛰어나서 피아노 연주는 물론 노래와 작곡으로도 쇼팽을 기쁘게 했다.

마리아의 가족을 따라 드레스덴까지 간 쇼팽은 9월 9일 마리아에게 정식으로 청혼했다. 두 사람의 애정은 의심할 여지가 없었지만, 부모의 생각은 간단하지 않았다. 혼사를 주저한 가장 큰 이유는 역시 예비 사위의 건강 문제였다. 청혼을 하고 불과 며칠 뒤인 9월 14일, 마리아와 그녀의 어머니가 각각 쇼팽에게 보낸 편지의 내용은 의미심장하다.

> 안녕, 나의 마에스트로. 지금 드레스덴을 잊어버리고, 또 곧 폴란드도 잊으시는 것은 아닌지요? 그러시면 안 돼요.
>
> ― 1836년 9월 15일, 마리아가 쇼팽에게 보낸 편지 중

> 친애하는 프리쳌! 건강하세요. 모든 것이 건강에 달렸어요. 지금이 시련의 시기라는 것을 알아야 해요. 사랑하는 어머니의 심정으로, 내 마음을 다해 당신에게 신의 가호를 기원합니다.
>
> ― 1836년 9월 14일, 테레사가 쇼팽에게 보낸 편지 중

마리아의 가족들과 헤어진 뒤 한동안 밝은 분위기로 오가던 편지는 점차 그 횟수가 뜸해졌다. 보진스키 집안은 일부러 시간을 끌며 쇼팽의 건강 상태를 지켜보는 듯했다. 일과 분주한 사교계의 일상 때문에 몸을 돌보지 않던 쇼팽의 건강은 정상으로 돌아오지 않았

쇼팽과 혼사가 오간 마리아 보진스카

쇼팽은 칼스바트에서 가족과 재회한 뒤 파리로 돌아오는 길에 드레스덴에서 폴란드 기숙학교 시절 친구인 펠릭스 보진스키의 여동생 마리아 보진스카를 보고 사랑에 빠졌다. 두 사람은 꿈 같은 2주를 보낸 뒤 이듬해 봄을 기약하고는 헤어졌다. 그러나 이후 쇼팽의 건강은 다시 나빠졌고, 장차 사위가 될 그의 건강을 염려한 보진스키 내외의 반대로 둘의 사랑은 결실을 보지 못했다. 쇼팽은 보진스카와 주고 받은 편지들을 모아 놓은 꾸러미에 '나의 슬픔'이라는 뜻의 "모야 비에다"라고 적어 두었다.

고, 마침내 1837년 7월 보진스키 부부는 쇼팽에게 결혼이 불가능하다고 최후통첩을 했다. 찾아가 따져 묻거나 생각을 되돌리라고 할 수 없다는 것을 이내 깨달은 쇼팽은 이것도 운명이려니 생각했던 것 같다.

마리아와 주고받은 편지와 선물을 모아 놓은 꾸러미는 지금까지도 전해 내려온다. 쇼팽은 꾸러미 표면에 폴란드어로 "모야 비에다 Moja Bieda"라고 적어 두었다. '나의 슬픔'이라는 뜻이다. 그는 꾸러미를 서랍 깊은 곳에 넣어 두고는 꺼내 보지 않았다. '비에다'에는 '불쌍한'이라는 뜻도 있다. 객지에 홀로 떨어진, 상처 받기 쉬운 영혼은 스스로 신세 한탄을 하며 작은 연애사를 끝맺으려 노력했다.

그녀 상드

나는 저명 인사로 불리는 상드 여사를 만났는데, 얼굴에 인정머리가 없어 보여서 싫었어. 그녀에게는 혐오감을 불러일으키는 무엇인가가 있어.

— 1836년 10월 말, 쇼팽이 가족에게 보낸 편지 중

쇼팽의 인생에서 많은 부분을 차지했던 여성인 상드에 대한 그의 첫인상이 좋지 않았다는 것은 잘 알려져 있다. 남장을 하고 끊임없이 시가를 피우던 와일드한 여성해방론자가 처음부터 마음에 들었다면 그것이 더 이상하다. 일이 진행되는 데 큰 장애물이 발생하지

않았던 이유는 어차피 연애의 문을 박차고 나아가기 시작한 사람이 상드였기 때문이다.

두 사람의 만남에는 리스트의 연인이던 마리 다구 백작 부인이 중요한 역할을 했다. 1805년, 독일에서 프랑스인 부모 사이에서 태어난 마리는 어렸을 때부터 미모가 출중했다. 1827년에 다구 백작과 결혼했지만 1835년 6월에 리스트와 사랑에 빠지면서 가정을 버리고 도피를 택했다. 그녀와 리스트 사이에는 두 딸이 태어났는데, 둘째인 코지마는 나중에 피아니스트 겸 작곡가인 한스 폰 뷜로에 이어 작곡가 빌헬름 리하르트 바그너와 두 차례 결혼하면서 화제를 뿌렸다.

리스트와 동거하기 시작한 뒤 마리는 오텔드프랑스에 커다란 살롱을 꾸미며 당대 예술가들을 모았다. 문학에 조예가 깊어 스스로 다니엘 스턴이라는 예명으로 소설을 쓰기도 한 마리의 살롱에는 음악가들 외에 발자크, 알퐁스 드 라마르틴, 하이네 등 문인들도 자주 출입했으며, 상드도 단골손님이었다.

상드와 쇼팽은 1836년 10월에 처음 마주쳤다. 상드에 대한 쇼팽의 시선은 그리 곱지 않았던 반면, 상드는 사교계에 널리 퍼진 쇼팽과 보진스카의 연애사를 모두 알고 있었음에도 그에 대한 관심을 키워 갔다. 같은 해 11월에는 쇼팽이 주최한 살롱에도 모습을 드러내며 자신을 각인시켰다. 상드는 마리와 리스트를 시켜 자신의 별장에 쇼팽을 초대하겠다는 의사를 여러 번 내보였다.

외교관이자 시인인 에두아르 그르니에는 상드의 인상을 이렇게 말했다. "미간이 좁지만 눈꺼풀이 두껍고, 광택 없는 대리석을 떠오르게 하는 두 눈은 그녀의 최대 매력이다. 예쁜 눈썹과 침착해 보이

피아노를 치는 리스트와 당대의 예술가들

최고의 기교파 연주자로서 '피아노계의 파가니니' 같았던 리스트에게는 마리 다구 백작 부인
이라는 연인이 있었다. 마리는 살롱을 꾸려 음악가뿐만 아니라 문인 등 당대를 대표하는 예술
가들을 불러 모았다. 상드도 살롱의 단골 중 하나였다. 쇼팽과 상드의 만남에는 마리의 역할
이 컸다. 이 그림은 1840년에 오스트리아 화가인 요제프 단하우저가 그린 것으로, 피아노를
치고 있는 리스트와 베토벤 흉상과 바이런의 초상 주변으로 상드를 비롯하여 알렉상드르 뒤
마, 마리 다구, 빅토르 위고, 니콜로 파가니니, 조아치노 로시니가 있다.

는 두 눈은 강인하고 의젓한 인상을 풍기나, 코는 두툼하고 입은 음탕해 보인다." 세간에서 말하던 상드의 외모는 전해 내려오는 여러 개의 초상화와 크게 다르지 않다. 150센티미터가 채 되지 않은 키에 통통하고 땅딸막해 보이는 체형을 가진 상드는 당시 살롱에 드나들던 미인들과 외모에서 비교할 만한 대상이 아니었다. 그보다는 특유의 쿨하고 단순한 말투와 조용하면서도 민첩한 행동거지에서 나오는 독특한 카리스마가 치명적인 매력으로 작용했다.

아망딘 오로르 뤼실 뒤팽. 1804년에 태어난 상드의 세례명이다. 그녀의 증조할아버지는 작센 가문 출신의 프랑스 육군 원수인 헤르만 모리스 드 삭스였다. 상드의 할머니 오로르 드 삭스는 헤르만 원수의 사생아로 태어났는데, 귀족 집안의 서출이라는 사실은 상드의 대에 와서도 끊임없는 심리적 고통과 가족 간의 갈등을 야기했다. 상드의 어머니 소피 들라보르드는 파리에서 새 장수를 하던 가난한 집안 출신으로, 할머니는 자신의 아들 모리스 뒤팽과 결혼하게 된 하류 계층의 여자를 몹시 미워했다.

1808년, 어린 오로르(상드)에게 불행한 일이 연이어 일어났다. 남동생인 오귀스트가 죽고, 일주일 뒤 아버지 모리스마저 말에서 떨어져 세상을 떠난 것이다. 고부 간의 갈등을 피하고 싶었던 어머니 소피는 파리로 떠나면서 오로르를 할머니에게 맡겼다. 그리하여 오로르는 파리에서 약 295킬로미터 정도 떨어진 노앙의 저택에서 자라났다. 일찍이 할머니는 무려 서른세 살이나 연상이던 루이 클로드 뒤팽과 두 번째 결혼을 했는데, 둘 사이에서 태어난 아들이 바로 오로르의 아버지 모리스다. 노앙의 집은 루이 클로드가 죽고 난 다음 할머니가 매입한 것으로 알려졌다.

1821년, 할머니가 세상을 떠나고 노앙의 저택과 영지는 열일곱 살이던 오로르의 몫이 되었다. 오로르는 열여덟 살에 뒤드방 남작의 아들인 카지미르 뒤드방과 결혼하여 슬하에 아들 모리스와 딸 솔랑주를 두었다. 그러나 건조한 성격에다 예술에 관심이 없던 남편은 자유분방한 사고방식을 가진 오로르의 마음에 들지 않았고, 급기야 오로르는 9년간의 결혼 생활을 끝내고 두 아이들과 함께 파리로 이주했다.

타고난 글재주를 가진 오로르는 아이들을 부양하기 위해 소설을 썼다. 『앵디아나』, 『렐리아』, 『자크』 등 그녀의 초창기 소설은 외설적이라고 평가받으면서 많은 안티를 낳았지만 동시에 일부 작품들은 연극으로 만들어질 정도로 인기를 끌었다. 남성 편력도 이어졌는데, 그녀의 필명을 낳은 첫 번째 연인 쥘 상도를 비롯하여, 오페라 〈카르멘〉의 원작자인 프로스페르 메리메, 시인이자 소설가인 알프레드 드 뮈세, 극작가 피에르 장 펠리시엥 맬피유 등의 이름은 그녀의 연인들 중 극히 일부다.

오로르는 1838년 5월 8일 저녁, 쇼팽의 오랜 팬이던 아스톨프 쿠스틴 후작의 살롱에서 즉흥연주를 하는 쇼팽을 보고 급기야 자신의 남자로 만들어야겠다고 결심했다. 까다롭고 예민한 남자를 다독일 수 있는 조력자가 필요했던 오로르는 다음 달에 쇼팽이 속마음까지 보여 줄 정도로 신뢰하는 친구이자 자신과도 가까운 그르지마와에게 장문의 편지를 써 도와 달라고 부탁했다. 그 편지는 무려 32쪽에 달했다.

상드가 자란 노앙의 집

1804년, 상드는 귀족 집안 출신의 아버지와 하층민 출신의 어머니 사이에서 태어났다. 네 살 때 아버지가 급사하고 어머니마저 떠나면서 어린 상드는 할머니 손에 맡겨져 프랑스 중부 시골 마을인 노앙에서 자랐다. 이후 열일곱 살 때 할머니마저 세상을 떠나면서 노앙의 저택과 영지는 상드의 몫이 되었다. 훗날 이곳은 쇼팽과 상드의 여름 별장으로 애용되면서 쇼팽의 주요 작품을 낳은 산실이 되었다.

이 작은 사람이 내게 남긴 영향이 놀랍고 혼란스럽네요. 아직도 무척 많이 놀란 상태입니다. 만약 내가 도도한 사람이었다면 이제는 유혹을 느끼지 않을 수 있는 나이라고 생각한 이때 이런 감정에 휘둘려 어쩔 수 없는 나를 보고 부끄러웠을 거예요. (…) 이것이 저의 최후통첩입니다. 그가 오직 그녀에 의해서만 행복해진다면 그렇게 놓아두십시오. 그가 불행하게 될 것이라면 막아야 합니다. 또 그가 그녀와 함께 행복을 누리면서 나와 더불어도 행복할 수 있다면 좋겠어요. 만약 그가 그녀와 반드시 불행해져야 나와 함께 행복할 것이라면 우리는 다시 만나지 말아야 하며 그는 나를 잊어야만 할 거예요.

— 1838년 5월 말, 조르주 상드가 보이치에호 그르지마와에게 보낸 편지 중

여기서 '그녀'는 이미 관계가 끝난 보진스카를 가리키는 듯하다. 오로르의 편지는 강압과 협박을 실은 장광설로 쓰여 있지만, 사실 이런 것을 보낼 필요도 없이 쇼팽은 이미 그녀의 손아귀에 들어와 있었다. 한 해 전 보진스카와 완전히 헤어지고 의기소침했던 쇼팽은 어느 정도 될 대로 되라는 심정이었고, 상처 받은 마음을 누구에게건 털어놓고 싶은 마음이 간절했다. 이제 두 사람은 긴밀한 대화를 나누는 것만으로도 연인이 되기에 충분했던 것이다.

어떤 상대를 만나든 남성보다 더 적극적이고 강하게 리드했던 오로르였지만 쇼팽 앞에서는 달랐다. 앞서가되 남자같이 박력 있는 모습이 아닌 엄마 같은 모습으로 여섯 살 연하의 남자를 품고 보살폈다. 쇼팽도 오로르를 '괴상한 용모와 드센 기운의 여자'라는 선입

견에서 점차 벗어나 그 누구보다도 자신의 이야기를 깊이 이해해
주는 여인으로 받아들이게 되었다.

꽃 속에 파묻혀 있는 대포

실연, 기침으로 쓰라린 가슴, 어디를 가도 마음 편히 쉴 수 없는
어수선한 파리의 사교계, 떠들썩한 살롱의 소음 속에서 홀로 울고
싶은 절망에 자주 빠지던 청년 쇼팽은 그 혼란스러움을 걸작 〈발라
드 제1번 g단조, Op. 23〉으로 표현했다. 발라드로는 첫 번째인 이 곡
은 어쩌면 당대에는 쇼팽보다 더 높이 평가받았을지도 모르는 시인
아담 베르나르트 미츠키에비치의 민족주의적 혁명 시에서 영감을
받아 만든 것이라고 한다. 다만 시를 직접적으로 묘사한 것은 아니
고 어디까지나 쇼팽 특유의 우수와 서정성, 교묘한 화성 진행을 통
한 격정의 표출, 그 틈새를 파고드는 달콤한 멜로디의 조화가 정제
된 아름다움을 뿜어낸다.

청년기를 대표하는 이 작품은 제2차세계대전 당시 기적적으로
살아남은 폴란드계 유대인 피아니스트 브와디스와프 슈필만의 이
야기를 그린 2002년 영화 〈피아니스트〉의 하이라이트에서도 등장
한다. 슈필만은 버려진 게토의 건물 안 피아노 앞에 앉아 이 곡을 연
주하며 자신이 폴란드인이자 피아니스트라는 사실을 독일군 장교
에게 증명해 보인다.

1836년 가을, 쇼팽은 1년 만에 다시 라이프치히를 찾아 자신의

작품에 큰 관심과 애정을 가지고 있는 슈만에게 이 곡을 보여 주었다. 슈만은 작곡가 자신이 "내가 특별히 좋아하는 곡"이라며 선물한 이것을 지금껏 발표한 쇼팽의 작품 중 최고 걸작이라며 칭송했다.

> 어느 부분에서든 그의 가늘고 흰 손가락으로 '이것은 프레데리크 쇼팽의 작품이다'라고 진주알처럼 써 놓은 곳이 보인다. 쉼표에서도, 가장 격렬하게 몰아치는 부분에서도 마찬가지다. 그는 이 시대의 누구보다도 대담하고 자신만만한 시인이자 살아 있는 영혼이다.
>
> — 슈만,『음악과 음악가』중

동시에 슈만은 쇼팽만이 지닐 수 있는 음울한 분노와 끝없는 고뇌, 그것이 가지고 있는 힘에 주목했다.

> 지금 폴란드는 검은 상복을 입고 있기에 사색적인 그가 폴란드 국민이라는 사실이 더욱 우리의 마음을 사로잡는다. 독일은 중립적으로 처음에 그에게 갈채를 보내지 않았다. 그리하여 쇼팽의 수호신은 그를 세계적인 도시의 한 곳으로 데려갔고, 그를 자유롭게 창작하고 분노할 수 있게 했으니 얼마나 행운인가. 만약 러시아의 막강한 차르가 쇼팽의 작품 속에, 예를 들어 마주르카 같은 단순한 선율 속에 자신을 위협하는 적이 숨어 있다는 것을 알았다면 당장 그의 음악을 금했을 것이다. 쇼팽의 작품들은 꽃 속에 파묻혀 있는 대포다.
>
> — 슈만,『음악과 음악가』중

아픔의
프렐류드

사랑의 도피

　섬은 어디를 가나 중심부로 갈수록 높아지지만, 이베리아반도 동쪽 마요르카섬의 산길은 제법 험난하다. 자동차로 잘 닦인 길을 올라가는데도 부담스러울 정도인데, 최대한 가벼운 복장으로 날렵한 자전거를 타고 가는 이들의 모습도 눈에 많이 띄었다. 신호등이 거의 없이 원형 교차로가 대부분인 섬의 좁은 도로는 양보 운전만 잘하면 자동차와 자전거 양쪽 모두에게 만족감을 준다. 강원도의 산길 같은 구불구불한 경사로를 본격적으로 만나기 전까지는 말이다.

　보기 쉽게 만들어진 지도를 보고 찾아가는데도 두어 번 길을 잃고 다시 나올 정도로 발데모사 마을로 가는 길은 복잡했다. 이미 세계적인 관광 명소임에도 산허리쯤에 자리잡은 이곳이 묘한 호젓함을 느끼게 하는 것은 의외로 다가가기 힘든 도로 때문인 듯하다.

　이윽고 올라온 언덕배기는 수도원을 중심으로 여러 가지 편의 시설과 볼거리, 먹을거리로 붐볐다. 한 집 건너씩 있는 노천 레스토랑

쇼팽과 상드의 도피처였던 발데모사

1838년 여름부터 본격적으로 사귀기 시작한 쇼팽과 상드는 파리 사교계의 이목을 피하여 스페인 마요르카섬에 있는 작은 마을 발데모사로 떠났다. 두 사람은 오래되어 버려진 카르투시오회 수도원에 거처를 마련했다. 처음에는 천국처럼 느껴지는 섬의 풍광에 취하여 들떴지만 변덕스러운 날씨, 쇼팽의 건강 악화, 낯선 이방인을 사갈시하는 현지인들의 태도 등이 일행을 무겁게 짓누르면서 발데모사는 쇼팽에게 무서운 것과 유령이 곳곳에 숨어 있는 곳이 되고 말았다. 결국 이듬해 2월에 이곳을 떠남으로써 둘의 길지 않은 도피 여행은 막을 내렸다.

과 카페는 여느 유럽 관광지의 모습과 크게 다르지 않았다. 하지만 아라베스크 문양과 다양한 색깔로 물들인 도자기 공예품 등을 파는 가게와 진주 전문점, 고개를 돌리면 보이는 산등성이의 고급 빌라는 시공간의 불균형을 있는 그대로 보여 주어 오히려 매력적이었다. 한국인들도 드문드문 보이는 신혼여행객과 데이트하는 일행의 모습은 적당히 따뜻한 봄볕 아래 지중해의 바람이 전해 주는 나른한 로맨틱함에 취해 있었다. 두 세기 전 모두가 놀라고 말린 사랑의 도피행을 기꺼이 선택한 남녀의 모습도 처음에는 이랬으리라.

상드가 쇼팽을 차지해야겠다고 결심한 그 운명의 날, 살롱의 호스트이던 퀴스틴 후작은 이후 두 사람의 위험한 연애를 걱정스럽게 바라보았다. 그는 주변 사람들에게 불쌍한 남자 쇼팽은 자신을 소유하려는 여자가 흡혈귀 같다는 사실을 모르고 있다고 표현할 정도였다.

파리 사교계의 공공연한 비밀이 된 두 사람의 연애가 본격적으로 시작된 것은 페르디낭 빅토르 외젠 들라크루아가 두 사람의 초상화를 그린 1838년 여름이라고 보아도 무방할 듯하다. 상드의 아들 모리스도 그녀의 집에 자주 모이던 사람들을 한데 모아 그렸는데, 이 그림에서 쇼팽, 리스트, 들라크루아, 맬피유, 그르지마와 백작 등의 모습을 볼 수 있다. 들라크루아가 그린 두 사람의 초상화는 기구한 운명을 맞았다. 그가 사망한 뒤 이 그림은 미완성인 채로 팔렸는데, 누군가에 의해 두 개로 나누어진 것이었다. 두 사람의 모습을 나누어 따로 팔면 더 높은 가격이 매겨질 것이라 여긴 듯하다. 결국 상드 부분은 덴마크로, 쇼팽 부분은 루브르박물관으로 가게 되었으니,

끝내 함께할 수 없었던 두 사람의 운명을 의미심장하게 알려 주는 듯하다. 이제 쇼팽의 피아노 연주를 들으며 바느질을 하는 상드의 모습은 그래픽으로 가공된 모습으로만 감상할 수 있다.

"행복한 사랑이 주는 감미로운 피곤에 젖어 기절할 것 같아요. 나는 아직도 도취 상태에 있습니다." 1838년 9월 초, 상드는 들라크루아에게 이렇게 고백했다. 쇼팽과 상드가 스페인으로 떠날 것이라고 맨 처음 예견한 사람은 퀴스틴 후작이었다. 그의 예언은 불과 한 달 뒤 현실이 되었다. 상드의 아들 모리스도 쇼팽 못지않게 병약했는데, 심한 류머티즘을 고치고자 한 요양 여행의 목적지는 이탈리아에서 스페인으로 바뀌었다. 당시 스페인도 내전 중이라 여행하기 좋은 상황은 아니었지만, 1838년 10월 18일에 상드는 모리스와 솔랑주, 하녀 아멜리에와 함께 파리를 떠났다.

남들의 이목을 신경 쓰던 쇼팽은 상드 일행과 함께하지 않고 정확히 9일 뒤에 뒤따랐다. 그리하여 10월 31일, 사랑의 여행객들은 스페인 국경에서 가까운 프랑스 남부 도시 페르피냥에서 재회했다. 쇼팽이 상드의 두 아이들과 처음으로 만난 날이기도 하다. 11월 2일부터 11월 7일까지 바르셀로나의 쿠아트로나시오네스여관에서 묵은 일행은 이어 엘마요르캥이라는 이름의 증기선을 타고 마요르카섬의 중심인 팔마항에 도착했다. 도착하자마자 그들이 일주일 동안 묵은 까요델라마리나여관은 술통을 만드는 작업장의 2층에 자리해 무척 시끄러웠지만, 낯선 천국처럼 느껴지는 섬의 풍광에 취한 일행은 마냥 행복해했다. 폰타나에게 보낸 편지를 보면 쇼팽이 얼마나 들떠 있었는지 알 수 있다.

세기의 연인 쇼팽과 상드

이 그림은 두 사람과 가까웠던 들라크루아가 1838년 어느 날 그린 것으로, 쇼팽은 피아노를
연주하며 우수 어린 시선을 허공에 두고 있고 상드는 그런 연인의 연주를 듣고 있다.' 낭만적
화풍의 대가답게 대상의 외곽을 분명하게 잡아서 그리기보다는 강렬한 색감과 움직임으로
대상의 본질을 표현했다. 이 그림은 본래 이렇게 한 화폭에 이중 초상화로 그려졌는데, 끝내
함께하지 못한 두 사람의 운명처럼 화가가 죽고 난 뒤 둘로 쪼개져 팔려 나갔다.

종려나무, 삼나무, 선인장, 올리브, 오렌지, 레몬, 알로에, 무화과, 석류나무에 둘러싸여 있어. 하늘은 청록색, 바다는 담청색, 산은 에메랄드빛이야. 태양이 하루 종일 내려쬐고 사람들은 모두 여름옷을 입고 있지.

— 1838년 11월 15일, 쇼팽이 율리안 폰타나에게 보낸 편지 중

쇼팽의 흥분 어린 만족감은 까다로운 상드의 증언으로도 알 수 있는데, 그녀 역시 팔마를 "모두 내가 꿈꾸었던 이상"이라고 표현했다.

아무 걱정거리도 없는 사람들처럼 천국과 같은 섬을 돌아다니던 일행은 11월 15일 에스타블리망 근처에 자리 잡은 손벤트라는 이름의 별장을 얻었다. 정확히 일주일 뒤 그들은 여기서 오래된 복병을 만나는데, 말할 것도 없이 쇼팽의 건강 악화였다. 당장의 처치가 필요한 환자에게 그곳은 더 이상 천국이 아니었다.

섬 전체에서 제일 유명한 의사 세 사람이 나를 보러 왔어. 모두 내가 뱉는 가래에 관심이 많았지. 냄새를 맡고, 내 가슴을 두드려 대는가 하면, 기침할 때의 내 모습을 유심히 살펴보는 의사도 있었지. 첫 번째 사람은 내가 탈진했다고 했고, 두 번째 사람은 내가 죽어가고 있다고 했고, 마지막 의사는 내가 곧 죽을 것이라고 했지.

— 1838년 11월 22일, 쇼팽이 폰타나에게 보낸 편지 중

다분히 냉소적인 어조의 편지 이면에는 건강 문제 말고도 다른 이유도 있었다. 상드 일행의 모습은 보수적인 가톨릭 사회였던 마

요르카섬의 분위기가 허락하기에 지나치게 파격적이었다. '팀'의 리더격이 여자인 것도 어딘지 수상한 데다가, 함께 온 젊은 음악가는 어디를 보아도 남편은 아니었다. 게다가 곧 쓰러져 사망해도 이상하지 않을 남자의 건강 상태는 그곳 사람들의 마음을 몹시 불안하게 만들었다. 쇼팽의 병명이 결핵으로 판명난 뒤 사람들은 이방인의 침구를 모두 불태우고 그들을 내쫓다시피 했다. 손벤트에서의 체류도 그렇게 짧게 끝났다.

마요르카의 겨울

1838년 12월 15일, 쇼팽 일행은 마요르카섬의 서북쪽에 있는 발데모사로 거처를 옮겼다. 사랑에 빠진 두 사람의 도피처로 유명한 이곳은 지금은 전 세계인들의 사랑을 받고 있지만, 당시 일행은 여러 가지로 심란한 가운데 생활과 창작의 용기를 잃지 않으려 애썼다. 상드는 점점 힘겨워지는 주변 환경이 '가족'들을 더욱 뭉치게 해줄 것이라 믿으며 이삿길에 올랐다.

산세가 거칠지만 그 사이사이의 아기자기한 골짜기와 신비로운 바닷빛은 헤매다 지친 여행객들의 마음을 그럭저럭 달래 주었다. 그들은 거의 버려지다시피 한 카르투시오회 수도원에 거처를 마련했다. 수도원에 사는 사람이라고는 허드렛일을 하는 남녀 두 사람과 정치범으로 망명 중인 한 쌍의 부부뿐이었다. 몇 안 되는 가구 중에는 쇼팽이 임시로 빌린 피아노도 있었는데, 거의 망가지다시피

쇼팽 일행이 머물렀던 카르투시오회 수도원

이 수도원은 마요르카섬의 중심인 팔마항에서 북쪽으로 18킬로미터 떨어진 발데모사에 있다. 쇼팽 일행이 머물 당시에는 오랫동안 버려진 폐허나 다름없었다. 있는 사람이라고는 일하는 할머니와 성물지기인 남자, 스페인 본토에서 온 정치범 부부가 전부였다. 연인들이 머물렀던 수도원 별관은 현재 쇼팽박물관으로 운영되고 있으며, 그들이 떠난 2월 11일에는 매해 여기서 쇼팽음악제가 열린다.

해서 작곡을 하는 것은 불가능했다.

작은 방들은 큰 관처럼 생겼고, 거대한 천장은 먼지투성이야. 그래도 방에 들어가 보면 거기에는 사이프러스, 종려나무, 오렌지나무 등이 있는 밭이 내려다보이는 작은 창들이 있지. 내 침대는 창을 바라볼 수 있는 곳으로 놓았어. 침대 옆에는 오래된 책상 하나가 있는데 지금은 별 쓸모가 없지. 게다가 여기로서는 사치스러운 납으로 된 촛대가 놓여 있다네. 책상 위에는 바흐, 그리고 내 작품 스케치, 내가 쓴 것도 아닌 종잇조각들이 있어. 무엇보다 여기는 매우 고요해. 내가 아무리 소리친다 해도 정적감이 돌지. 이렇게 이상한 데서 너에게 편지를 쓰고 있는 거야. 오렌지는 공짜로 먹을 수 있지만 단추 하나를 구하려면 엄청나게 비싼 이상한 곳이야. 하지만 그것이 문제가 되지는 않아. 아름다운 하늘이 있고, 모든 사물들이 시를 속삭이고, 경이로운 색깔을 지닌 내 주변의 것들이 사람들의 눈빛으로 인해 바래지지 않는 한 말이지.

— 1838년 12월 28일, 쇼팽이 폰타나에게 보낸 편지 중

수도원 내로 들어가 한 번 더 출입료를 내야 들어갈 수 있는 '쇼팽의 방'은 작고 차분한 분위기가 난다. 특별한 세간도 눈에 띄지 않아 작곡에만 몰두할 수 있는 곳 같았다. 쇼팽 스스로 관처럼 생겼다고 느낀 다른 방들은 로맨틱한 도피 행각의 주인공들이 남긴 흔적으로 가득 꾸며져 있어 화사한 느낌이 돈다. 곳곳에 놓여 있는 쇼팽의 흉상들과 여러 포즈로 그려진 상드의 초상화들, 쇼팽이 사용한

악기들과 그 위에 놓여 있는 갖가지 축제 포스터와 전단지와 사진은 1년 내내 분주하고 바쁜 분위기를 만들어 낼 듯했다. 외로움을 타는 사람을 더욱 힘들게 만들 만한 기운은 더 이상 없었다.

쇼팽이 마요르카섬에 도착할 때부터 가진 가장 큰 걱정거리는 이그나츠 요제프 플레옐이 보낸 피아노의 도착이 늦어지는 일이었다. 좋은 피아노가 없이는 작곡도 할 수 없었던 그는 1839년 1월 10일이 되어서야 겨우 작업에 착수할 수 있었다. 피아노는 진작에 마요르카섬에 와 있었지만 팔마의 세관을 통관하는 데 엄청난 세금을 내야 했고, 예전부터 셈에 밝았던 쇼팽이 흥정에 나서는 바람에 늦어진 것이었다. 원하던 악기가 도착하자 그는 작업에 박차를 가했다. 폰타나와 플레옐에게는 작업한 것과 그것의 출판을 위한 편지를 보냈다.

드디어 프렐류드를 보내게 되었어. 틀린 부분은 없을 것 같아. 정리한 것은 프로브스트에게, 내 초고는 플레옐에게 전해 줘. 몇 주 뒤에 발라드 F장조, 폴로네즈 A장조와 c단조, 스케르초 c샤프단조도 보낼게. 플레옐에게 프렐류드를 언제쯤 출판하는 것이 좋을지 프로브스트와 의견을 조율해 보라고 전해 줘. 아직도 우리 부모님의 편지는 도착하지 않았어!

— 1839년 1월 22일, 쇼팽이 폰타나에게 보낸 편지 중

플레옐에게는 좀 더 실무적인 이야기를 했다.

당신의 피아노에서 저의 프렐류드가 완성되었어요. 폰타나에게 편지로 당신에게 제 초고를 전달하라고 말해 놓았습니다. 영국과 프랑스에서는 이 작품이 1500프랑을 받기를 원합니다. 프로브스트는 독일에서 하르텔출판사가 이 작품에 대한 권리를 100프랑에 샀다는 것을 알고 있으시죠.

— 1839년 1월 22일, 쇼팽이 이그나츠 요제프 플레옐에게 보낸 편지 중

이어지는 편지에서 쇼팽은 발라드, 폴로네즈, 스케르초 등 다른 작품의 가격에 대해서도 상세하게 자신의 바람을 설명했다. 예술에 대한 순수한 열정으로만 가득 차 있을 쇼팽이 돈에 대해서도 셈이 정확했다는 사실은 놀라울 수 있지만, 특유의 예민함과 빈틈없이 완벽함을 추구하는 경향은 자신이 하는 일에 대한 권리를 챙기는 것에도 적용되었다. 특히 출판사와의 거래에서 손해를 보지 않으려고 애썼는데, 협상이 불리하게 돌아갈 때면 출판업자들을 평소 자신이 경멸하던 유대인들과 같이 취급했다.

유행에만 집착하고 세상이 원하는 음악만 찍어 내려고 하던 사업가들과 음악가의 껄끄러운 대화는 예나 지금이나 크게 다르지 않다. 쇼팽도 지나치게 사무적인 자신에 대해 스스로 의식하는 모습을 보였다.

피아노에 대해 당신께 감사하다는 말도 빠트리고 돈 이야기만 했습니다. 제가 이렇게 비즈니스만 아는 사람이네요.

— 1839년 1월 22일, 쇼팽이 플레옐에게 보낸 편지 중

발데모사에서 쇼팽 이상으로 바빴던 사람은 상드였다. 신작『스피리디온』작업을 끝냄과 동시에 살림을 꾸리고 어린아이들을 챙기는 한편, 손이 많이 가는 동거남을 보살펴야 했다. 을씨년스러운 마요르카의 겨울 날씨도 그녀에게 큰 스트레스 중 하나였다. 상드는 회고록『마요르카에서 보낸 겨울』에서 그간 어디에서도 겪어 보지 못한 비에 대해 언급했다. 산 중턱에 자리 잡은 수도원에서 바라보는 풍경은 섬의 날씨만큼이나 변덕스러워서 흐린 날이면 그 음산함이 건물에 있는 모두를 무겁게 짓누르는 듯했다. 날씨나 그 외 생활에 필요한 물건과 음식을 구하는 데 겪는 어려움보다 그들을 더욱 괴롭힌 것은 섬에 도착한 이후 내내 느껴지는 사람들의 따가운 시선이었다.

일요일 아침이면 미사에 참석하라는 요란한 고함 소리가 마을 전체에 울려 퍼졌다. 우리는 그들의 말을 잘 알아듣지도 못했지만 알아들었어도 참석하지 않았을 것이기에 전혀 반응을 보이지 않았다. 그들은 매우 비기독교적인 방법으로 우리를 괴롭혔다. 우리에게만 음식을 팔지 않는가 하면 아이들에게 돌을 던졌다.

— 상드,『마요르카에서 보낸 겨울』중

상드의 고통과는 대조적으로 쇼팽의 창작력은 스스로 '매우 이상한 곳'이라 했던 독특한 환경과 기다리던 피아노의 도착으로 뜨겁게 불타올랐다.

쇼팽은 끊임없이 떠오르는 영감을 접을 생각이 없어 보인다. 몸 상태가 아주 좋을 때도 그에게는 수도원이 유령과 그들이 자아내는 공포로 가득차 있는 것처럼 보이는 듯했다. 나는 밤 10시경에 창백한 얼굴, 몽롱한 눈빛, 그리고 그 위를 덮은 헝클어진 머리를 한 채 피아노 앞에 앉아 있는 그를 종종 발견했다.

— 상드, 『마요르카에서 보낸 겨울』 중

난 모두 죽어 버린 줄 알았어

낭만 시대 피아노 문헌에서 그 독특한 정서와 구조로 맨 윗자리에 놓일 쇼팽의 프렐류드가 세상에 알려진 것이 바로 이 무렵이다. 지극히 미세한 요소라도 그 안에서 온갖 피아니스틱한 아름다움을 끄집어낼 수 있었던 쇼팽이지만, 스물네 개의 소품들로 이루어진 〈프렐류드, Op. 28〉만큼 애호가들의 사랑을 독차지하고 있는 것도 드물다. 에튀드보다도 작은 규모의 곡들이지만, 마치 갖가지 보석들을 하나의 목걸이에 매단 듯 여러 색깔로 반짝이는 동시에 그 절묘한 조화를 들려주는 걸작이다.

바흐의 작품을 모델로 한 것으로 알려져 있으나, 푸가 등의 '본론'을 생각하고 만든 여타의 작품과는 달리 쇼팽은 '전주곡(프렐류드)'이라는 제목 아래 독립된 하나하나의 분위기와 메시지를 표현했다는 점이 특별하다. 작곡가의 스타일을 회화적인 표현으로 절제 있게 구현해 낸 이 작품집은 낭만 시대를 통틀어 가장 작은 소품들을 모은 흥미로운 용광로다. 폴란드 출신의 미국 피아니스트 아르투르 루빈스타인은 "쇼팽은 프렐류드 하나만을 남기고 세상을 떠났다고 해도 불멸의 존재가 되었을 것이라 확신한다"라고 했으며, 소설가 앙드레 지드는 "가장 작은 소품이라고 해도 그 안에 아름다움의 모든 문제를 풀 수 있는 열쇠를 지니고 있다"라고 평했다.

두 권으로 이루어진 바흐의 〈평균율 클라비어 곡집, BWV 846~893〉과 달리 쇼팽이 만든 〈프렐류드, Op. 28〉은 C장조로 시작해 5도 위의 음정을 으뜸음으로 순환하는 구조로 되어 있다. 쉽게 말하면 조표에서 샤프가 하나씩 늘어나 다섯 개까지 붙었다가 플랫 여섯 개의 조표가 이어받은 뒤 플랫 하나까지 진행되어 d단조로 끝을 맺는다.

모든 조성이 골고루 한 곡씩 규칙적으로 나타나지만 때로는 스틸 샷이나 짧은 동영상, 혹은 인상적인 슬로모션으로 이어지는 예측 불허의 악상 때문에 '스쳐가는 듯' 순간의 매력을 지닌 곡들을 분류하기란 쉽지 않다. 서정적인 악상으로 노래를 부르는 듯한 느낌을 자아내는 곡과 일정한 음형을 반복적으로 나타내 기능적인 에튀드에 가까운 곡으로 구분하는 경우도 있으며, 쇼팽이 나타내고자 한 상징과 그 내용을 표현하는 피아노의 기법을 통해 네 가지 정도로 나누어 설명한 학자들도 있다.

쇼팽 연구의 권위자인 미에치스와프 토마스체프스키는 1) 비가 풍 2) 스케르초풍 3) 드라마적 구조를 지닌 발라드 4) 즉흥곡적인 전개를 지닌 곡으로 구분했다. 이에 비해 이레나 포니아토프스카의 분류는 좀 더 구체적이고 표제음악적인 접근이 느껴진다. 1) 행복,

평화로움, 부드러움, 사랑스러운 느낌 2) 깊이 침잠하는, 때때로 병적인 상태의 멜랑콜리 3) 우울한 정서에 둘러싸인 비관적이고 절망적인 정서 4) 야만적인 힘의 폭발, 영혼의 외침 등의 구분은 일부 그 성격이 겹치는 프렐류드가 존재함에도 작품을 이해하기에 매우 효과적인 방법이라고 하겠다.

지나치게 구체적인 심상을 제시하는 것은 순수 음악의 본질을 지닌 피아니즘을 한정된 상상 속으로 몰아넣는 결과를 낳을 수 있다. 하지만 모두 감상하는 데 약 45분 정도가 걸리는 〈프렐류드, Op. 28〉을 한 번도 접해 보지 못한 감상자에게는 어떻게 접근한 것이든 자세한 설명이 요긴하다. 19세기 후반과 20세기 중반에 걸쳐 폭넓게 활동한 두 명의 피아니스트가 프렐류드 모든 곡에 붙여 놓은 표제는 여러 가지 의미에서 흥미롭다.

독일 출신의 피아니스트이자 지휘자인 뷜로는 비크와 리스트를 사사한 뒤 리스트의 딸과 결혼했지만 이혼한 뒤 리스트-바그너 악파와 결별하고 브람스 악파의 선봉에 섰다. 베토벤을 포함한 독일 음악의 정통파적 수호자였던 뷜로가 쇼팽의 작품에 깊은 애정과 관심을 가졌다는 사실은 이색적이다. 또 한 명의 인물은 프랑스의 피아니스트 알프레드 코르토다. 뷜로처럼 코르토 역시 멀티 음악가로 독일 후기낭만파에 심취했으나 피아니스트로서는 쇼팽 해석에 탁월했다. 작곡가의 풍모와 음악성, 여성 취향과 소소한 일상까지를 엮어 총체적인 예술가상을 그려 낸 『쇼팽을 찾아서』라는 훌륭한 평전을 집필하기도 한 코르토의 설명 역시 도움이 된다.

곡 번호	뷜로	코르토
제1번 C장조	재회	사랑하는 이를 애타게 기다리며
제2번 a단조	죽음을 예감	슬픈 영상, 아득히 보이는 쓸쓸한 바다, 병으로 고뇌하는 쇼팽
제3번 G장조	꽃과 같은 당신	시냇물의 노래, 서정적이고 밝은 음악
제4번 e단조	질식	무덤가, 진주 같은 눈물의 시, 눈물의 노래
제5번 D장조	불확실	이슬에 젖은 나무가 상쾌한 바람에 흔들린다
제6번 b단조	타종	슬픔과 우수의 음악
제7번 A장조	폴란드 무희	좋은 향기처럼 즐거운 추억
제8번 f샤프단조	절망	눈은 내리고 바람은 불고 폭풍은 울부짖고, 마음속에는 더 사나운 폭풍이 인다
제9번 E장조	환상	폴란드의 최후, 크고 진지하며 장대하고 힘찬 음악
제10번 c샤프단조	밤나방	암흑의 하늘에서 빛을 발하며 밤나방이 날아오는 환영
제11번 B장조	잠자리	젊은 처녀의 소원, 우아하고 아름다운 음악
제12번 g샤프단조	결투	말을 타고 달리는 밤, 여름의 폭풍
제13번 F샤프장조	상실	별을 보며 고향의 아득한 연인을 생각함. 평화, 경건한 기도
제14번 e플랫단조	공포	폭풍의 바다, 끓어오르는 피, 급박한 감정
제15번 D플랫장조	빗방울	수도원 지붕에서 떨어지는 낙숫물, 사랑하는 아기를 달래 잠들게 하는 어머니의 마음, 어머니가 무서운 꿈(아이가 교수대에서 죽는다는 예언)에서 깨어남
제16번 b플랫단조	지옥	나락의 골짜기 밑바닥을 향한 길
제17번 A플랫장조	파리 노트르담 광장의 광경	그녀는 나를 사랑하고 있다고 말했다
제18번 f단조	자살	저주
제19번 E플랫장조	마음을 다하여	천사의 날개에 안긴 행복한 꿈처럼 행복에 도취됨

제20번 c단조	장송곡	폴란드의 비애가 전면에 떠오름
제21번 B플랫장조	일요일	맹세했던 추억의 장소로 쓸쓸히 돌아감
제22번 g단조	초조	전투적인 격한 기분
제23번 F장조	즐거운 보트	물의 여신의 장난
제24번 d단조	폭풍우	젊은 피, 죽음

스물네 개의 프렐류드 중 가장 유명한 것은 제15번 '빗방울'이다. 전곡 중 가장 길고 갖가지의 표정 변화를 통해 다채로운 음악적 메시지를 던지는 이 곡은 〈프렐류드, Op. 28〉 감상의 전환점이자 중심이다. 잔잔한 녹턴풍이나 처음부터 끝까지 중단 없이 반복해서 울리는 8분음표가 마치 비 오는 날의 낙수 소리처럼 들린다.

이상하리만큼 춥고 비가 자주 온 1839년 1월의 어느 날, 쇼팽의 악몽은 현실과 환상의 중간을 가로질러 음악이 되었다. 자신들에게 음식을 팔지 않던 마을 사람들을 피해 일부러 18킬로미터 이상 떨어진 팔마 시내까지 장을 보러 간 상드와 아들 모리스는 돌아오는 길에 때 아닌 폭우를 만났고, 마차도 놓쳐 자정이 넘어서야 겨우 돌아올 수 있었다. "무서운 꿈을 꾸었다. 그들은 여전히 돌아오지 않고 있다. 방금 전에 꾼 끔찍한 꿈처럼 그들은 모두 죽은 것이 아닐까? 어둡고 숨이 막히는, 작은 관처럼 느껴지는 이곳에 나 혼자 놓여진다면……."

비를 흠뻑 맞은 채 돌아온 상드를 맞이한 쇼팽은 똑똑 떨어지는 낙수 소리를 담은 프렐류드를 연주하고 있었다. 눈물을 빗물처럼

〈프렐류드 제15번 D플랫장조, Op. 28 '빗방울'〉 친필 악보

쇼팽 일행이 머물렀던 수도원의 작은 방들은 큰 관처럼 생겼고, 거대한 천장은 먼지투성이이
며, 내부에는 정적감이 감돌았다. 게다가 이상할 만큼 춥고 비가 자주 온 날씨는 한 편의 악몽
처럼 모두를 짓눌렀다. 그럼에도 쇼팽의 창작력은 피아노가 도착하면서 뜨겁게 불타올랐다.
쇼팽의 대표작 〈프렐류드, Op. 28〉도 이때 쓴 것이다. 스물네 개의 소품들로 이루어진 이 작품
에서 가장 유명한 것은 〈프렐류드 제15번 D플랫장조, Op. 28 '빗방울'〉이다. 전곡 중 가장 길
고, 처음부터 끝까지 반복되는 8분 음표가 마치 빗소리처럼 들린다.

건반에 떨구며. "난 모두 죽어 버린 줄 알았어……."

다시 프랑스로

지중해성 기후에 어울리지 않는 비와 진눈깨비를 어둠침침한 카르투시오회 수도원에서 온몸으로 겪은 상드 일행은 1839년 2월 11일에 전격적으로 발데모사를 떠나 팔마항으로 향했다. 다시는 뒤를 돌아보고 싶지 않을 만큼 쇼팽과 상드는 힘들어했다. 마을 사람들은 쇼팽의 기침 때문에 그들을 부랑자처럼 취급했고, 미사에 참석하지도 않는 이교도인들이라며 미워했다.

파리로 떠나는 길도 험난했다. 짐마차에 실려 거친 산길을 15킬로미터 이상 달려야 했던 쇼팽은 각혈을 하기 시작했다. 일행이 내린 직후 마차는 소독을 위해 불태워졌다. 마요르카로 들어올 때부터 높은 관세 때문에 속을 썩이던 플레옐의 피아노를 팔마에서 바로 팔아 버린 일행은 2월 14일 바르셀로나로 향하는 엘마요르캥선에 몸을 실었다. 약 세 달 만이었다.

하지만 이번에는 뱃길도 순조롭지 않았다. 갑판 위에는 돼지들로 가득했다. 배 안은 끊임없는 흔들림과 끔찍한 악취가 어우러졌고, 일등석에서 신선한 공기를 마실 수도 없어진 쇼팽은 한 대야 가까이 되는 피를 토하며 초주검의 상태가 되었다. 열여덟 시간의 사투 끝에 상드 일행은 겨우 바르셀로나의 호텔에 여장을 풀었다. 그리고 일주일 뒤인 2월 24일에 드디어 그들에게는 스페인보다 훨씬 문명 세계라 할 수 있는 프랑스 땅 마르세유에 도착했다. 다행히 쇼팽은 더 이상 각혈을 하지 않았고 기침도 줄어든 상태였다.

마르세유에서는 약 세 달간 체류했는데, 쇼팽에게는 몸을 추스르고 무리한 도피 여행에 대해 반성하는 시간이었던 것 같다. 아울러 폰타나, 플레옐, 프로브스트 등을 부지런히 닦달해 자신의 신작에 대한 합당한 평가를 받고자 하는 한편, 그것의 출판을 위한 세부 일정을 세우는 데 몰두했다. 나중에 두 곡으로 이루어진 〈폴로네즈, Op. 40〉과 〈발라드 제2번 F장조, Op. 38〉로 출판된 작품에 대해 쇼팽은 섬세한 협상가의 모습으로 폰타나에게 지시했다. 플레옐과 가격 협상이 잘 되지 않으면 또 다른 출판업자인 슐레징거에게 가서 자신이 원하는 가격(폴로네즈는 1500프랑, 발라드는 800프랑)을 부르라고 부탁했다. 유대인 장사꾼들을 혐오하던 쇼팽이 슐레징거와의 협상도 염두에 두고 있었다는 사실이 놀랍다. 삶의 기로에 서 가며 타지에서 만든 작품에 대한 애착이 그만큼 컸음을 말해 주는 반증이기도 하다.

자아분열에 가까운 혼란과 불안한 정서, 궂은 날씨와 사람들의 텃세 속에서 만들어진 당시의 작품들은 작곡가의 절박함을 생생하게 나타낸다. 〈폴로네즈 제3번 A장조, Op. 40-1 '군대'〉는 폴로네즈라는 춤곡이 지닌 원래의 성격 중 하나인 '행진곡'의 요소를 드러낸다. 폴란드의 찬란했던 과거와 영광을 표현한 작품으로 평가받지만, 그 창작 동기는 쇼팽이 경험한 환영과 더 많은 연관을 맺고 있다.

어느 날 밤, 혼자 폴로네즈를 연주하던 쇼팽은 폴란드의 무사와 귀부인들의 행렬을 눈앞에서 목격하고 공포에 질렸는데, 이 곡은 그 환상적 이미지를 옮긴 것이라고 알려졌다. 이어지는 〈폴로네즈 제4번 c단조, Op. 40-2〉는 첫 번째 곡의 밝은 A장조와는 대조적인 분위기를 띤다. 루빈스타인은 이 곡에 대해 "쇼팽이 그린 몰락한 폴란드"라는 평을 남겼다. 서정적이고 달콤한 분위기의 중간부가 등장하지만 얼마 가지 않아 다시 짙은 절망감이 깃든 먹구름에 휩싸이고 만다.

〈발라드 제2번 F장조, Op. 38〉은 나중에 슈만에게 헌정되었는데, 슈만은 극찬을 아끼지 않았던 〈발라드 제1번 g단조, Op. 23〉과 달리 이 작품에 대해서는 다소 신랄하게 평가했다.

> 쇼팽은 이미 같은 제목의 작품을 하나 작곡했다(〈발라드 제1번 g단조, Op. 23〉). 한없이 거칠고 가장 독창적이었던 이전 작품과 이번 발라드는 조금 다르며, 앞선 것보다 예술적이지 못하다. 다만 이 곡에도 환상적인 동시에 이지적인 면이 존재한다. 이 곡을 완성하기 전 그는 내게 작품(〈발라드 제1번 g단조, Op. 23〉)을 들려준 적이 있는데, 그때 그는 미츠키에비치의 어느 시에서 감명을 받아 쓰게 되었다고 했다. 하지만 오히려 음악 자체가 시인으로 하여금 이 곡에 가사를 붙이게 할 정도의 감명을 선사한다. 이 발라드(〈발라드 제2번 F장조, Op. 38〉) 역시 사람들의 마음속 깊은 곳까지 흔든다.
> ― 슈만, 『음악과 음악가』 중

마르세유에서 보낸 세월은 분주하게 흘러갔다. 쇼팽은 좀 더 마르고 창백해지기는 했으나 식욕을 되찾았고, 상드 역시 글쓰기에 여념이 없었다. 1839년 3월 13일에는 쇼팽과 상드에게 슬픈 소식이 전해졌다. 프랑스의 명가수이자 대본가이자 작곡가였던 아돌프 누리가 이탈리아 나폴리에 있는 호텔에서 몸을 던져 자살했다는 비보였다. 누리는 로시니 등이 주도한 벨칸토 오페라의 스타였으나, 탁월한 기량을 지닌 후배들의 등장과 건강 이상 등으로 급기야 극단적인 선택을 한 것으로 알려졌다. 프랑스인들이 존경하던 테너 가수인 그는 쇼팽과 상드와도 모두 가깝게 지냈다. 쇼팽은 한 달 뒤인 4월 26일 마르세유의 노트르담성당에서 오르간을 연주하며 추모의 마음을 표했다. 연주한 곡은 누리가 즐겨 부르던 프란츠 슈베르트의 가곡들로 채워졌다.

동료의 죽음, 끊임없는 잔기침 등에도 불구하고 삶에 대한 의지를 잃지 않은 것은 다행스러운 일이다. 1839년 3월 말 그르지마와에게 쓴 편지에서 쇼팽은 이미 마르세유 생활에 대해 싫증을 내고 있다. "마르세유는 못생긴 도시야. 이곳이 조금 지루해지기 시작했어."

떠날 때가 가까워진 것을 안 상드는 쇼팽에게 이탈리아 북부를 포함한 여행을 제안했다. 5월에는 제노바를 포함한 바다 여행을 시도했다. 돌아오는 길에는 아를, 생테티엔, 몽브리송, 클레르몽을 거쳐 베리 지방에 있는 작은 마을 노앙에 도착했다. 쇼팽에게도 특별한 장소가 될 그곳, 상드의 할머니 오로르와 어린 오로르(상드)가 살던 오래된 집에 도착한 것은 6월의 첫째 날이었다.

노앙의
하늘 밑

저물녘 노앙

묘한 데자뷔다. 샤토루역에서 내려 상드의 집이자 쇼팽의 수많은 걸작들을 탄생시킨 노앙의 저택을 찾아가는 길은, 쇼팽의 생가가 있는 젤라조바볼라를 가기 위해 소하체프역에서 택시를 기다릴 때와 흡사했다. 노앙의 정확한 지명은 노앙빅이다. 샤토루역에서 약 40킬로미터 떨어진 이 작은 마을로 가려면 프랑스어를 하지 못하는 여행객에게는 콜택시를 잡는 일부터 만만하지 않았다. 느릿느릿 움직이는 여행 안내소 담당자의 도움을 받으면서 마을 이름을 제대로 발음하려면 입을 '누웅빅'에 가깝게 움직여야 한다는 사실도 알게 되었다.

숙박을 하기 위해 먼저 찾아간 작은 모텔 '라그랑주'는 평온한 가정집 분위기가 나는 정겨운 민박집 같았다. 늦은 오후에 도착했는데, 프랑스어만 할 줄 아는 남자 주인이 마당에서 오리와 닭에게 모이를 주고 있었다. 마음씨 좋은 인상의 그는 내 늦은 점심을 걱정하

노앙

1839년 2월, 발데모사를 떠난 쇼팽과 상드는 잠시 마르세유에서 머물다가 6월에 상드의 고향인 베리 지방의 노앙으로 왔다. 이때부터 쇼팽은 약 8년간 노앙과 파리를 오가며 인생 후반 대부분을 보냈다. 쇼팽은 상드가 제공하는 안정된 환경과 보살핌 속에서 〈녹턴 제12번 G장조, Op. 37-2〉, 〈피아노소나타 제2번 b플랫단조, Op. 35〉 등을 썼다.

면서 냉장고에 있는 음식은 무엇이든 다 꺼내 드시라고 말한 뒤 다시 텃밭으로 사라졌다.

샌드위치와 과일로 배를 채운 뒤 천천히 둘러본 숙소 앞마당은 모든 것이 천천히 흘러가는 프랑스 중부 시골의 봄날을 아름답게 비추어 주었다. 어슬렁거리며 걸어다니는 강아지, 종종거리며 풀을 뜯는 새끼 오리들, 머리 위를 흘러가는 조각구름 사이로 잔잔하게 울려 퍼지는 성당 종소리까지, 모든 것이 마음의 여유를 한 뼘씩 넓혀 주는 듯했다. 4월 중순의 햇볕은 기분 좋게 따끔거렸고, 공기는 상쾌하고 향기로웠다. 약 두 세기 전의 쇼팽과 그 친구들이 이 하늘 밑에서 만들어 낸 이야기는 어떤 것이었을까?

노앙의 집은 진정 안락한 휴식과 즐거움을 느낄 수 있는 공간이었지만, 상드가 비로소 독립과 자유로움을 실감한 때는 오랫동안 이어진 뒤드방과의 고통스러운 이혼 소송이 끝난 직후였다. 1836년 겨울이었다. 재판이 잘못되었더라면 자칫 소중한 집까지 뺏길 뻔했다.

어둠이 깔린 저녁, 상드는 넓은 거실에 촛불을 밝히고 흰 실내복 차림으로 유령처럼 이리저리 집 안을 거닐며 자신의 삶과 집을 지켜 낸 기쁨을 나름대로의 방식으로 축하했다. 모리스와 솔랑주를 지켜 낸 것이 기뻤고, 무엇보다 오로르 뒤드방이라는 이름의 여인이 더 이상 세상에 존재하지 않는다는 사실에 체증이 한꺼번에 내려간 듯했다. 이와 함께 집 전체가 새로운 활기와 행복한 감정으로 채워지기 시작했다.

쇼팽보다 먼저 노앙의 매력을 만끽한 이들은 리스트와 마리 부인 커플이었다. 상드는 1837년에 노앙을 방문한 이들을 위해 넓은 침실과 세심하게 신경을 써서 구한 피아노까지 제공해 주었다. 1층 거실의 문을 활짝 열면 아름드리 나무 숲 사이로 불어오는 바람의 유희가 리스트의 피아노 속 화려한 장식음들을 타고 자연스레 음표들로 변해 가는 과정을 들을 수 있었다. 상드 못지않은 필력으로 작품 활동을 하던 마리는 어스름한 초저녁 정원을 거닐며 마음을 뒤흔들 영감을 기다렸고, 리스트는 특유의 자유분방한 자신의 음악적 프레이징에 상상력을 덧칠했다. 상드는 이곳저곳을 돌아다니며 분주하게 이들을 보살피는 가운데 즐거움을 찾았다. 움직임은 매우 섬세하고 재빨랐으며, 걸음걸이는 발소리가 들리지 않을 정도로 조용했다.

노앙의 친구들

현재 가장 많이 알려진 상드의 초상화는 1838년에 오귀스트 샤르팡티에가 그린 것으로, 파리 낭만주의박물관에 소장되어 있다. 에콜데보자르에서 공부한 뒤 주로 초상화 분야에서 능력을 발휘하던 샤르팡티에가 노앙을 찾은 것은 1838년 4월이었다. 그곳에서 몇 주간 머물며 그는 '인도 여인의 눈처럼 어둡고 벨벳과 같은 광채가 흐른다'는 평을 받은 상드의 초상화를 제작했다. 이와 함께 모리스, 솔랑주의 모습도 담았다.

샤르팡티에는 여유롭고 편안한 봄날 노앙의 하루 일과를 메모로 남겼다. 아마 내가 이 집을 방문했을 때와 비슷한 계절의 어느 하루였을 것이다.

상드

1838년, 오귀스트 샤르팡티에가 그린 이것은 상드의 대표적 초상화로, 인도 여인의 눈처럼 어
둡고 벨벳 같은 광채가 흐른다는 평을 받았다. 작은 키에 통통하고 땅딸막한 상드는 전형적인
미인형과는 거리가 멀지만, 특유의 쿨하고 조용하면서도 민첩한 행동거지에서 나오는 카리스
마가 치명적인 매력으로 작용하면서 수많은 남성들과 사귀었다. 하지만 쇼팽을 만난 뒤로는
무분별한 생활을 중단하고 엄마처럼 그를 보살펴 주었다.

여기서는 자유로움과 행복감의 최대치를 맛볼 수 있다. 사람들은 자신이 일어나고 싶을 때 일어나는데, 아침 식사를 같이하지 않기 때문이다. 대충 아침 7시에서 8시 사이에 하인들은 집 안의 불을 모두 밝히고 각자에게 아침으로 어떤 것을 드실지 물어본다. 식사는 방으로 제공한다. 식사가 끝나면 각자의 방을 방문하거나, 일을 하거나, 당구 게임 같은 것을 할 수도 있다. 상드 부인은 자신의 방에서 일을 하기 때문에 아무도 만나지 않는다. 오후 5시에 종이 울리면 모두 옷을 차려입고 저녁 식사를 위해 모인다. 식사 후 손님들은 화실에서 담배를 피우거나 상드와 이야기를 주고받는다. 11시가 되면 모두 따뜻해진 벽난로와 잠자리에서 마실 음료수 등이 준비된 침실로 돌아간다. 성안에서 귀족들이 누릴 수 있는 모든 것을 경험한다.

— 1838년 4월, 오귀스트 샤르팡티에의 메모 중

비슷한 시기에 이곳을 방문한 발자크는 끝도 없이 이어지던 상드와의 대화를 기억했다. "그녀는 보통 아침 6시에 잠들어 오후에 일어났다. 사흘간 우리는 저녁 식사 시간인 5시부터 새벽 5시까지 쉬지 않고 열두 시간 동안 이야기를 나누었다." 훗날 이날의 대화는 그의 연작 『인간 희극』에 등장하는 베아트릭스라는 인물의 토대가 되는데, 줄거리는 리스트와 마리의 이야기를 살짝 바꾼 것이다.

샤르팡티에가 1838년에 그린 것 중에는 상드의 초상화 말고도 잘 알려진 작품이 있다. 부채 모양으로 그린 〈조르주 상드와 그녀의 친구들〉은 노앙의 집을 찾은 친구들과 주변인들을 재미있게 풍자

한 그림이다. 모두 열여섯 명이 등장하는데, 제각기 수수께끼에 가까운 상징적 모습으로 표현되어 있다. 뱀이나 인어, 천사나 새 등으로 묘사된 인물들의 면면은 그 자체로도 흥미롭다. 이들 중 맬피유, 루이지 칼라마타, 미셸 드 부르주 등은 상드뿐만 아니라 쇼팽의 인생에서도 중요한 조연들이다.

상드와 쇼팽의 관계가 시작되기 직전까지 상드의 애인이었던 맬피유는 일방적인 사랑을 구걸하여 적지 않은 스캔들을 낳았다. 칼라마타는 이탈리아 출신의 화가이자 조각가로, 1837년에 상드와 모리스의 연필화를 남겼다. '부르주의 미셸'로 알려진 루이 크리소스톰 미셸은 변호사이자 정치가였으며, 1848년 혁명 당시 5월 15일의 시위로 부르주고등법원에 기소되기도 한 인물이다. 그가 샤르팡티에의 그림에 등장하는 이유는 상드와 뒤드방 남작 간의 재판에서 상드 변호를 맡은 동시에, 1835년부터 1837년까지 그녀와 연인 관계에 있었기 때문이다. 그는 인근의 부르주를 기반으로 활동했기 때문에 노앙에도 단골로 드나들었다.

그림의 중앙은 리스트, 상드, 쇼팽, 들라크루아가 차지하고 있다. 반드시 참고해야 할 것은 그림 뒷면에 남아 있는, 상드의 아들 모리스의 메모다. 엄마의 말을 그대로 받아 적은 듯한 메모에는 그림에 등장하는 주요 인물들에 대한 내용이 들어 있다. 등장인물들은 대부분 양치기들로, 상드의 보살핌을 받거나 그녀를 추앙하는 중이다. 쇼팽은 작은 벌새의 모습을 하고 있는데, 이 새의 노랫소리는 복통을 낫게 하는 힘이 있다. 양치기 리스틸(리스트)은 엉뚱하게도 클라리넷협주곡을 작곡하여 상드에게 바치려고 하고 있고, 또 다른 양치기 크로아셸라(들라크루아)는 리스틸의 작품을 열정적인 그림으로 표현하려고 애쓰는 중이다.

들라크루아는 프랑스 낭만주의 회화의 대표적 인물로, 색과 빛에 대한 독자적 관점, 역동적인 붓놀림으로 칭송받아 마땅하다. 쇼팽과 상드의 지인으로도 매우 중요한 존재다. 단 쇼팽과 들라크루아가 하늘나라에서 그들의 '예술적 우정'을 지키고 있을지는 확신할 수 없다. 들라크루아는 쇼팽의 음악을 알게 된 순간부터 그 독창적인 세계에 매료되었지만, 쇼팽은 마지막 순간까지 자신과 가까운 동료의 작품을 이해하지 못했기 때문이다. 어차피 음악 외 다른 분야에는 큰 관심이 없었던 쇼팽이지만, 다수가 공감할 만한 감상성이나 그것을 표현하기 위한 과장을 금했던 들라크루아 특유의 담대하고 강렬한 표현이 부담스러웠을 수도 있다. 재미있는 것은 샤를 피에르 보들레르가 평한 들라크루아의 세계인데, 언뜻 생각하면 쇼팽과의 많은 유사점이 느껴진다. "들라크루아는 열정에 열정적으로 사랑에 빠져 있었지만, 그것을 표현하는 데는 가능한 한 명료하고 냉정했으며 결연했다."

가식 없는 시골집

상드 자신이 "가식 없는 시골집 그 자체"라고 한 노앙의 집은 2층 구조로, 중세에 지은 건물을 허물고 18세기에 다시 지은 것이다. 상드의 아들 모리스의 취향이라고 알려진 파스텔 톤의 벽을 지나 입구에서 우측으로 돌면 커다란 부엌이 나온다. 베리 지방의 음식을 조리하는 데 딱 맞추어 제작된 구리 냄비와 프라이팬들이 가득 차 있는 주방은 상드가 꽤 오랜 시간 머물던 공간이었다.

주방에서 나와 입구에서 직진 방향으로 놓인 문을 열면 다이닝 룸이다. 샤르팡티에가 말한 '오후 5시'의 장소인 이곳에는 타원형의 식탁에 각자의 이름이 쓰인 의자가 놓여 있고, 여덟 개의 자리에 놓인 식기는 상드가 직접 선택한 크레이몽트로Creil-Montereau의 최고급 그릇으로 준비되어 있다. 뒤마, 귀스타브 플로베르, 나폴레옹 공주 등의 이름표가 눈에 띈다. 동시에 함께한 것은 아니겠지만 한 번쯤은 이 자리에 앉았던 이들의 목록임이 분명하다. 여전히 찬란한 옥빛을 자랑하는 베네치안 유리의 샹들리에는 저녁마다 신비한 빛을 발했을 것이다. 흥미롭고 화기애애한 대화 사이로 간간이 신랄한 비판과 자조 섞인 헛웃음, 쇼팽의 잔기침이 들렸으리라.

다이닝룸에서 서쪽으로 난 방은 가장 자유로운 공기로 가득했을 응접실이다. 건물 구석에 위치한 이곳에서 사람들은 카드 게임을 하거나, 인형 놀이를 하며 그 우스꽝스러운 모습을 지켜보았다. 아마도 오래전부터 뒤드방 가문 사람들의 초상화로 장식되었을 이 공간에는 그들 가족에게 역사적인 물건들도 있다. 서류를 넣는 캐비넷은 상드의 할아버지 뒤팽이 쓰던 것이며, 폭이 좁은 서랍장 역시 당대의 물건이다. 루이 16세 때 풍의 가구들 한쪽에 놓여 있는 플레엘 피아노는 창문 쪽에 가까워 오랫동안 남향 빛을 받을 수 있게 되어 있었다. 쇼팽이 고개를 왼쪽으로 돌려 바라보았을 창밖 풍경은 시간이 멈춘 듯한 한가로움을 머금고 있었다.

노앙 집의 부엌

구리 냄비와 프라이팬으로 가득한 노앙의 부엌은 상드가 오랫동안 머물렀던 공간이다. 글재주뿐만 아니라 뛰어난 요리 솜씨로도 명성이 자자했던 그녀는 노앙의 영지에서 구할 수 있는 식재료를 이용하여 쇼팽과 아이들을 위해 요리하는 것을 무척 즐겼다. 그녀의 수첩에는 약 700가지의 요리 레시피가 적혀 있다.

1층의 동쪽에는 상드의 할머니가 쓰던 침실이자 상드가 첫 번째 소설을 완성한 공간이 있다. 차분하고 여성스러운 분위기의 화사한 가구로 장식된 이 방은 원래 주인이 사망한 뒤 손님들을 위한 사랑방으로 바뀌었다. 리스트와 마리 커플, 들라크루아도 이 방에 머무르며 추억을 만들었다. "할머니는 더운 것도 추운 것도 싫어했으며, 자기도 모르는 사이 건조해지는 공기도 질색했다." 상드는 자서전에서 이 방의 느낌에 대해 이렇게 말했다. 상드 자신도 이 방을 좋아해서 바로 옆 공간을 작은 내실로 만들어 아이들이 어렸던 때 그곳에서 작업했다. "할머니 방의 옆방은 아주 작아서 나는 침대 대신 해먹에 누워 잤다. 아이들이 할머니의 침대에서 자고 있는 숨소리를 들으며 책과 마른 꽃들이 가득 찬 공간에서 글을 쓸 수 있었다."

군데군데 관람이 금지된 곳도 있지만, 2층의 여러 방들 중에는 상드의 숨결과 함께 고집과 독선이 동시에 느껴지는 공간도 있다. 계단을 올라 제일 가까이에 있는 서재 겸 공부방은 원래 쇼팽이 작품 활동을 하던 곳이었는데, 두 사람의 관계가 끝난 뒤 상드는 방 사이에 벽을 세워 매몰차게 막아 버렸다. 이 중 절반을 서재처럼 꾸민 그녀는 손님들이 잠들어 있는 한밤중에 이곳에서 소설을 쓰고 한

노앙 집의 다이닝룸

오후 5시에 종이 울리면 노앙의 집 손님들은 저녁 식사를 위해 다이닝룸에 모였다. 타원형의 식탁을 중심으로 여덟 개의 의자가 놓여 있고, 각 자리에는 한 번쯤 여기에 앉았을 당대 예술가들의 이름표가 눈에 띈다. 오노레 드 발자크에 따르면, "사흘간 우리는 저녁 식사 시간인 5시부터 새벽 5시까지 쉬지 않고 열두 시간 동안 이야기를 나누었다"라고 전한다. 손님들의 대화 사이사이로 쇼팽의 잔기침 소리가 섞여 들렸으리라.

낮이 될 때까지 옆방에서 잠을 잤다. 바로 옆방이 이른바 '푸른 방'이라고 알려진 상드의 침실이다. 세련된 코발트빛의 벽지와 커튼은 집 밖의 분위기와는 사뭇 다르게 진지함과 엄숙함을 품고 있는 듯했고, 세월을 거스른 듯 방 주인의 아우라를 간직하고 있었다. 침실과 서재를 지나 바로 옆방이 쇼팽의 작업실, 그러니까 앞서 말한 작업 공간의 절반이다. 현재는 몇 개의 소파들과 작은 책상들만 정돈되어 있어 상대적으로 쓸쓸한 느낌을 준다.

중앙 계단을 기준으로 반대편에 있는 큰방은 아기자기한 동양풍의 벽 장식과 가구들로 꾸며져 있어 오래도록 기억에 남는다. 이곳은 상드의 아들 모리스의 큰딸이자 집안의 실질적 마지막 인물인 오로르 로트 뒤드방이 1961년 사망할 때까지 지내던 방이다. 그녀는 1952년에 유서 깊은 가족의 집을 프랑스 정부에 기증했다.

1층으로 내려와 동쪽으로 향하면 노앙의 집에서 가장 개성적인 공간을 구경할 수 있다. 바로 모리스가 주도해서 만든 인형극 극장과 소극장이다. 이곳은 원래 상드의 전 남편 뒤드방의 침실이었는데, 오랫동안 가구를 비롯한 잡동사니들을 넣어 두던 공간이 흥미로운 소극장으로 탈바꿈한 것은 1850년경이다. 1848년 2월혁명 당시 공화주의자들을 지지하는 활동을 강하게 펼치던 상드는 같은 해 5월 자신의 근거지인 베리 지방의 동지들을 정치적, 사상적으로 돕기 위해 파리를 떠나 노앙으로 내려왔다. 모리스와 그의 절친이던 화가 외젠 랑베르 등이 노앙에 소개한 인형극이 이 방에서 시작한 것도 바로 이 무렵이다.

처음에는 의자 두 개와 몇 장의 타월 등으로 장난스럽게 시작한 인형극은 상드의 열정으로 '살아 있는 배우들을 위한' 극장으로 탈바꿈했다. 지금이라도 바로 작은 연극을 올릴 수 있을 것처럼 준비되어 있는 무대와 관객을 위한 공간, 그리고 오른쪽 벽에 인형극과 그 외 음향 효과를 내기 위한 작은 공간들 모두 노앙의 풍경과 이질적인 동시에 인상적인 앙상블을 이루고 있다. 약 50명의 관객이 앉으면 꽉 차는 이곳에는 공연 중 움직이거나 잡음을 내지 말라는 상드의 '엄격한' 지시 사항이 있었다. 모리스의 친구들과 동네 지인, 그리고 사회주의 이념을 따르는 젊은 시인들과 철학자 피에르 르루 등이 단골 관객들이었다.

다작가이던 상드는 자기 주변의 이야기를 작품의 소재로 삼는 경우가 많았는데, 당시 그녀의 소설에는 이 극장과 아마추어 배우들의 흥미로운 연기에 대한 묘사가 많이 등장한다. 극장이 만들어진 뒤 쓰인 상드의 작품들은 본격적인 각색 이전, 다시 말해 파리로 진출하기 전 이곳에서 '실험극' 형태로 무대에 올려지기도 했다.

장송 행진곡

쇼팽의 생애와 음악 세계, 상드를 포함한 연인들과의 이야기를 다룬 영화들은 적지 않다. 그중 완성도와 고증, 스토리 전개 등을 기준으로 볼 때 〈쇼팽의 푸른 노트〉, 〈즉흥곡〉(국내에서는 〈쇼팽의 연인〉이라는 제목으로 개봉되었다), 〈쇼팽: 디자이어 포 러브〉 등이 인상적이었다. 이 영화들에서 공통적으로 등장하는 것은 역시 노앙의 정원에서 두 사람의 친구들과 모리스, 솔랑주 등이 어울려 식사하고 잡담하고 이리저리 뛰고 엉켜 시간을 보내는 장면이다.

특히 안드레이 줄랍스키가 감독한 〈쇼팽의 푸른 노트〉는 보는 이들에게 그 혼란스러움을 생생하게 전달한다. 어지러운 방종만이 지배하고 있는 노앙의 저택. 사람 절반 크기의 인형이 빙글빙글 춤을 추고, 예술가들의 자아는 이리저리 흩어지고 모이며 창조와 파괴의 반복이 지루하게 이어진다. 무엇을 위해 추구하는 퇴폐와 타락인지, 즐거움은 차츰 고통을 향해 가지만 그 안에서 달콤함을 탐닉하는 등장인물들의 모습은 영화에 빠져들수록 수수께끼처럼 다가온다.

1839년 여름부터 시작된 쇼팽의 노앙 생활은 이런 분위기 속에서 출발했다. 가까운 미래도 기약할 수 없는 불안한 상태였음에도 그의 창작열과 건강이 이런 북새통에서 유지되었다는 사실 자체가 놀랍다. 6월 20일, 새로운 피아노가 도착했다. 쇼팽은 마요르카에서 작업한 곡들을 정리하고 완성하는 가운데 출판업자와 합리적인 '담판'을 하기 위해 고심했다. 물론 그가 직접 나선 것은 아니고 폰타나를 통해서였다. 이뿐만 아니라 쇼팽은 파리 생활을 다시 시작하기에 적당한 집을 구하는 일도 폰타나에게 부탁했다. 다소 놀라운 것은 폰타나가 상드의 집도 알아보아 주었다는 사실이다.

새로 이사할 곳은 주변에 창녀들의 집이나 대장간이 있으면 안 돼. 이상한 냄새나 담배 연기가 올라오는 곳도 피해 줘. 벽에 바를 벽지는 테두리에 녹색이 들어간 게 좋겠어. 용수철이 오래된 매트리스는 수리를 맡겨 줘. 다른 가구도 손볼 것 있으면 빈틈없이 해 주고……. 내 연습실에 있는 피아노 옆 커튼은 새 집의 홀에 달아 줘. 무엇보다 과거의 나쁜 생각이 떠오르지 않게 하는 장소이면 좋겠어. 네게 너무 많은 부탁을 해서 미안하지만, 옛정을 생각해서 용서해 주기를…….

— 1839년, 쇼팽이 폰타나에게 보낸 편지 중

폰타나의 수고로 찾은 쇼팽과 상드의 새 거처는 각각 트롱셰가 5번지와 피갈가 16번지였다. 가장 뜨거웠던 순간에도 연인이 사는 집은 서로 달랐는데, 무엇보다 파리지앵들의 입에 오르내리는 것이 싫었을 것이다. 여성 해방의 아이콘이던 상드가 표면적으로나마 보수적인 이미지를 보였다는 사실은 흥미롭다. 사교계 전체가 알고 있는 커플이었음에도 두 사람은 결혼하지 않은 애인 관계 그 이상도 이하도 아니었다.

1839년 가을부터 이듬해까지 쇼팽의 활동 가운데 많은 비중을 차지한 것은 피아노 레슨이었다. 쇼팽은 깔끔한 정장 차림으로 아침부터 학생들을 가르쳤으며, 세심한 동시에 고전주의적 원칙에서 벗어나지 않는 보수적인 방법으로 지도했다. 이 시기부터 1841년까지 쇼팽을 사사했던 프리데리케 밀러 슈트라이허는 쇼팽이 학생들에게 추천하는 레퍼토리가 지극히 과거 지향적이라는 세간의 소문에 대해 이견을 표시했다. 바흐의 〈평균율 클라비어 곡집, BWV 846~893〉을 맹목적이다시피 따르고 무치오 클레멘티, 훔멜, 크라머 등의 작품을 많이 가르쳤지만, 학생들이 '최신' 작품인 힐러, 탈베르크, 리스트 등의 곡도 연주하기를 원했으며, 자신의 신작인 프렐류드나 에튀드 등도 종종 보여 주었다는 것이다.

1842년 5월까지 트롱셰가에 살면서 쇼팽은 피아노 레슨과 작업을 했고, 잠은 상드의 집에서 자는 경우가 많았다. 비교적 아침형 인간이었던 쇼팽이 이른 아침부터 병약한 몸을 이끌고 학생들을 가르친 뒤 피갈가에 있는 상드의 집에 도착하면 올빼미 체질이었던 상드는 그제야 일어나 하루를 시작했다.

만든 시기와 장소는 다르지만 〈피아노소나타 제2번 b플랫단조, Op. 35〉부터 〈마주르카, Op. 41〉까지는 쇼팽이 마요르카에서 총체적인 위기를 겪고 난 뒤 자의 반 타의 반으로 연주자보다는 작곡가의 길을 걷기 시작한 직후의 결과물이다. 〈피아노소나타 제2번 b플랫단조, Op. 35〉는 대규모의 소나타 형식을 다루는 데 익숙하지 않았던 작곡가의 개성적인 모습으로 기억된다. 1839년 여름, 노앙에서 만들었지만 작품의 중심이라 할 수 있는 3악장 '장송 행진곡'은 1837년에 완성한 것이다. 작곡가가 겪어 온 갖가지 어두운 감성의 총합이자, 고전적인 형식미 속에 통제할 수 없는 환상과 충동을 효과적으로 집어넣은 이 걸작 소나타는 완전히 다른 색깔의 네 악장이 고유의 생명력을 지닌 채 움직인다.

아지타토(흥분하여)라는 지시어가 붙은 1주제와 성스러운 엄숙함을 띤 2주제가 격렬하게 충돌하면서 파토스를 만들어 내는 1악장, 음울한 기분에 묵직한 율동성을 더한 모티브가 인상적인 2악장 스케르초를 거쳐, 가장 인기가 많은 3악장 장송 행진곡이 이어진다. 시대와 배경에 따라 많은 해석과 감상이 존재할 수 있는 명곡이지만, 무엇보다 동시대 폴란드인들은 쇼팽이 몸소 경험했을 이별과 상실, 전쟁과 죽음으로 인한 상처가 아물지 않은 채 고스란히 드러났다고 느꼈을 듯하다.

3악장은 A-B-A의 명확한 3부 형식으로 되어 있다. 질질 끄는 듯한 장송 행진의 무거운 리듬과 슬픈 멜로디의 조화가 아름다운 1부, 천사의 노랫소리가 상처 받은 영혼을 위로하는 트리오 부분과 1부의 반복으로 구성되어 있다. 작품의 표제는 바로 3악장에서 비롯되었다.

감상자들에게 가장 큰 의문 부호를 낳는 부분은 4악장이다. 프레스토(매우 빠르게)라는 지시어에 따라 중단 없이 이어지는 양손 유니즌은 대답을 찾을 수 없어 음산함을 풍기는 선문답 같다. 장송 행진곡이 연주된 뒤 무덤가를 스쳐가는 혼령의 흔적처럼 들리기도 하는 피날레에 대해 슈만은 이렇게 평했다.

> 음악이라기보다는 조롱에 가깝다. 하지만 이렇게 선율이 없고 즐거움도 느껴지지 않는 악장 속에 힘센 손으로 억눌러 있는 무서운 영혼이 우리에게 이야기하고 있다는 것을 인정하지 않을 수 없다.
> ― 슈만, 『음악과 음악가』 중

1839년 초가을 무렵에 완성한 〈즉흥곡 제2번 F샤프장조, Op. 36〉에 대해 쇼팽이 폰타나에게 보낸 편지에서 한 설명을 보면 부끄러움과 설렘이 동반된 감정이 느껴진다. "좀 빈약할지도 몰라. 그래도 진짜 순수한 곡이야."

간결함과 응축된 시상 면에서 보면 이 곡은 1837년에 만든 〈즉흥곡 제1번 A플랫장조, Op. 29〉에 미치지 못하지만, 풍성한 판타지와 깊이, 피아니즘적인 상상력에서는 전작을 훨씬 능가한다. 저녁 종소리를 연상시키는 나른한 분위기의 1주제와 의문을 가득 품은 코랄풍의 2주제, 강력한 행진곡풍의 악상이 인상적인 중간부도 훌륭하지만, 첫머리의 화성 전개를 그대로 유지하면서 자유분방한 32분음표의 장식을 선보이는 부분은 고급스러운 휘황찬란함을 전달한다.

파리에 돌아오자마자 쇼팽이 만난 모셸레스는 쇼팽의 피아니즘을 긍정적으로 평가한 인물이다. 물론 그도 처음에는 폴란드의 천재가 자유자재로 빚어내는 조옮김 때문에 손가락이 뻗어 버릴 정도로 당황했지만, 쇼팽의 연주를 실제로 접하자 그의 작품을 연주하기 위해서는 지금까지 자신이 구사하던 기교와는 근원부터 다른 방법이 필요하다는 사실을 실감했다. 1839년 10월 29일, 가을 프랑스 왕실의 거처 중 하나인 생클루궁에서 두 사람은 모셸레스 작곡의 피아노이중주 곡을 연주하며 서로에 대한 존경심을 확인했다.

1840년은 쇼팽의 생애에서 신작이 적었던 조용한 해였다. 1년 내내 파리에서만 머물렀는데, 오히려 작품 활동은 줄어들고 낮에는 레슨에, 저녁에는 사교 모임에 할애했다. 4월에 잠시 발병하여 주치의가 교체되기도 했지만 5월에는 오래 기다리던 〈피아노소나타 제2번 b플랫단조, Op. 35〉와 〈즉흥곡 제2번 F샤프장조 Op. 36〉을 출판했고, 슈만에게 헌정한 〈발라드 제2번 F장조, Op. 38〉과 〈스케르초 제3번 c샤프단조, Op. 39〉는 10월에 세상의 빛을 보았다. 11월에는 모셸레스와 프랑수아조제프 페티스가 만든 악보집 『방법의 방

쇼팽이 파리에서 다섯 번째로 살았던 트롱셰가

1839년 여름부터 노앙에서 생활하기 시작한 쇼팽은 한편으로 율리안 폰타나의 수고로 파리 트롱셰가 5번지에 새로운 거처를 마련했다. 그는 낮에는 이곳에서 주로 레슨과 작곡 작업을 했고, 밤에는 피갈가 16번지에 있는 상드의 집에서 잤다. 쇼팽과 상드 두 사람은 가장 뜨거웠을 때조차도 애써 동거하지는 않았다.

법』이 슐레징거의 출판사에서 나왔는데, 쇼팽은 여기에 리스트, 탈베르크, 멘델스존, 아돌프 폰 헨젤트 등 당대 최고의 작곡가들과 함께 자신의 신작을 소개했다. 작품 번호 없이 '세 개의 새로운 에튀드'라 불리는 곡이 바로 그것이다. 이 곡은 일찍이 모셸레스가 주목한 쇼팽의 독보적인 터치와 흉내 낼 수 없는 피아니즘을 설명하는 데 매우 적절하다.

연인과의 달콤한 밀회와 그 안온함에 젖었던 것일까? 같은 해 힐러가 슈만에게 보낸 편지는 당시 쇼팽의 모습을 우회적으로 보여준다.

근래에 쇼팽을 전혀 만나지 못했습니다. 그는 귀족 사회라는 진흙탕에 빠져 허우적대고 있어요. 그의 풍모가 나타내는 세련미는 정말 최고 수준입니다. 분명 높은 산보다는 지체 높은 살롱을 더 좋아하고, 깨끗한 산 공기보다 가스등이 뿜어 내는 답답한 연기를 더 좋아하는 사람인데 작품은 그 정반대이니 정말 신비스럽고 이해하기 힘듭니다. 그의 피아노 곡들은 한마디로 아름다움과 심오함의 결정체죠.

— 1840년 1월 4일, 페르디난트 힐러가 슈만에게 보낸 편지 중

쉽게 뜨거워지거나 차가워지고, 자신만의 까다로운 필터를 거친 예술 작품에만 반응하던 폴란드 출신의 방랑자는 자신의 입지나 신분 상승, 경제적 여건을 개선하기 위해 체계적인 암중모색을 하는 인물이 아니었다. 레슨을 하거나 소규모의 음악회를 통해 번

돈으로 최신 유행의 옷을 사 입고 최고급 향수를 뿌린 채 당시로서는 구하기 힘든 스위스산 핫초코를 홀짝거리며 즐거움을 찾는 것이 쇼팽의 평소 모습이었다. 기대면 안아 줄 사람이 있고, 작은 부탁(그 자신은 절대로 큰 부탁이라 생각하지 않았다)을 들어줄 친구와 잡담할 상대가 있으면 더 이상 부러울 것이 없었던 그를 사람들이 원하는 방향, 가령 독주회 같은 이벤트로 이끄는 일은 참으로 어려웠다. 그런데 생전에도 그랬고 지금까지 그의 최대의 라이벌인 리스트가 1841년 3월 파리로 돌아와 연주회를 열자 상황은 바뀌었다. 상드의 연인은 즉시 연주회 준비에 들어갔다.

루빈스타인의 쇼팽

지금은 다소 허세처럼 느껴지는 '쿨함'이 바람직한 쇼팽 해석의 상당 부분을 차지하게 된 것과 연관해 빼놓을 수 없는 인물이 피아니스트 루빈스타인이다. 1887년, 폴란드에서 태어난 그는 넓게 벌어지는 손과 굵직한 손가락, 비상한 암기력과 음악적 센스를 타고난 인물이다. 젊은 시절 스타 연주가가 되는 데 성공했으나 유독 자신의 민족적 정체성을 설명하는 쇼팽의 작품에서는 오래도록 좋은 평가를 받지 못했다. 게다가 40대에 찾아온 슬

쇼팽 스페셜리스트 아르투르 루빈스타인.

럼프는 오랫동안 그를 괴롭혔다. 타고난 낙천성과 놀기 좋아하는 기질 때문에 연습을 게을리하면서 찾아온 위기였다.

세르게이 라흐마니노프, 페루초 부소니의 압도적인 풍모와 블라디미르 호로비츠의 귀신같은 기교에 밀려 자칫하면 이류 피아니스트가 될 처지가 된 루빈스타인은 50대가 되어서야 비로소 체계적인 훈련과 이지적으로 자신을 컨트롤하는 능력을 익히기 시작했다. 시간은 그의 편이 되어 주었다.

건강한 몸과 정신을 오랫동안 유지하는 데 성공한 루빈스타인의 전쟁 후 20세기 중반부터 실질적인 전성기를 맞이했다. 그의 시그너처 레퍼토리가 쇼팽이었음은 물론이다. 1960년 쇼팽 탄생 150주년을 맞아 「뉴욕타임스」와 인터뷰한 루빈스타인의 말에서는 당당한 승리자의 느낌이 묻어난다.

"내가 유년 시절에 들은 쇼팽의 마주르카, 폴로네즈, 녹턴 등 우리가 즐겨 듣는 곡들은 모두 지루하고 형편없이 연주되었어요. 그 당시 음악가나 대중은 쇼팽 신화를 믿고 있었는데, 문제는 그 신화가 부정적이라는 것이었어요. 한 인간으로서의 쇼팽은 연약하고 무기력하게 비쳐졌고, 예술가로서의 쇼팽은 섬세함만을 지닌 인물로 달빛에 펜을 적셔 감성적인 여자들을 위해 녹턴을 쓰는 걷잡을 수 없는 낭만주의자로 여겨졌습니다.

나는 쇼팽을 감정은 있으되 감상적이지 않으면서, 기분에 휩쓸리거나 과장하지 않도록 고상하게 연주하려 노력했어요. 하지만 그토록 공들인 연주 결과는 좋지 않았어요. 음악 해석이 '무미건조하다'는 평을 받았던 것이죠.

1906년, 뉴욕 데뷔를 위해 미국에 도착했을 당시 난 스스로 의욕이 강하고 교육을 잘 받은 음악가라고 자부했지만 기교 면에서는 준비가 잘 되어 있지 않다고 생각했어요. 그런데 비평가들은 기교상으로는 '완벽'하다, 그러나 음악에 깊이가 결여되었다고 했어요. 아울러 유럽에서와 마찬가지로 쇼팽 곡을 너무 진지하게 해석한다고 했어요. 나는 고집스럽게 쇼팽을 나의 음악회 프로그램에 계속 집어넣었어요. 비평가들은 스페인 음악과 특히 라벨과 드뷔시 연주는 인정해 주었지만 쇼팽 연주는 아니었어요. 최근에야 내 해석이 타당한 것으로 인정받았어요. 그리고 비로소 나는 쇼팽을 내 스타일로 청중에게 들려줄 수 있었어요."

— 아르투르 루빈스타인, 1960년 「뉴욕타임스」와 나눈 인터뷰 중

조국의
또 다른 이름

그가 연주한 것은 피아노가 아니라 영혼이었다

바르샤바 오콜니크 1번지에 자리 잡고 있는 쇼팽국립박물관의
구성은 흔한 듯 재미있는 스토리로 가득 차 있다. 쇼팽 '고향'의 박
물관답게 어린 시절 머물렀거나 잠깐이라도 발을 들인 폴란드의 다
양한 지역을 작품과 유기적으로 연관시키는 설명이 세심한 영상과
인상적인 디스플레이와 어우러진 점도 재미있었고, '쇼팽의 여인'
이나 '쇼팽의 장소' 등으로 나뉜 섹션을 통해 한 인물에 대한 지식을
두루 알게 한 것도 훌륭했다.

유리로 막아 놓은 공간을 활용해 그림자와 홀로그램으로 유년기
의 모습을 표현해 낸 방도 인상 깊었지만, 멀티미디어적 기술을 활
용한 악보 정리 방법도 간결하고 효과적이었다. 기다란 테이블이
큰 공간을 넓게 차지하고 있는 가운데 서랍식으로 되어 있는 아래
의 공간에서 손잡이들을 잡아당기면 그 앞에 표시되어 있는 악보의
초고가 빈 테이블 위에 화면으로 떠오르면서 설치되어 있는 조그마

한 스피커를 통해 음악이 흘러나오게 되어 있는 장치였다.

박물관의 조그만 '장치'들에 더해 내가 주목한 것은, 바르샤바 체류 내내 가장 큰 관심이었던 폴란드인들의 쇼팽 '선곡'이었다. 넓은 테이블 서랍 속에 차례대로 자리 잡은 쇼팽의 피아노 곡들은 과연 폴란드인들이 뽑았을 법한 작품들, 폴로네즈, 마주르카, 판타지 등으로 꾸며져 있었다. 세계인들에게 친숙한 작품들이지만, 같은 언어를 쓰며 공유 가능한 그들만의 감성이 세심한 선곡 속에 숨어 있음이 느껴졌다.

주변이 제공하는 편안함을 그대로 받아들이지 못하고 끊임없는 불안감과 변덕스러움 속에서야 오히려 창작력이 도드라지고는 했던 쇼팽은 1841년 초부터 본격적으로 작곡에 속도를 붙였다. 하지만 그해 파리의 봄은 유럽을 휩쓸고 도착한 거대한 스타의 영향력에 파묻혔다. 서른 살을 맞이한 리스트가 그 주인공이었다. 3월, 파리에 도착해 일련의 연주회를 열면서 리스트는 자신이 출현하는 음악회에 '리사이틀recital'이라는 말을 붙였다. 지금이야 크고 작은 음악회에 별다른 구분 없이 쓰는 말이지만, 당시에는 '낭독하다recite'는 의미에서 온 이 명칭이 생소했다. 경우에 따라 찬조 출연이나 피아노 연주 외 다른 순서가 가능했지만, 리스트는 무대 위 피아노 한 대와 승부하는 자신의 존재감을 극대화하기 위해 이 단어를 선택한 것으로 보인다.

'독주회'라고 풀이되는 리스트의 리사이틀에서 정작 청중을 놀라게 한 것은 따로 있었다. 그것은 악보를 외워서 연주했다는 점이다. 암보는 오랫동안 작곡가의 의도를 무시하는 연주자의 독단적이

바르샤바에 있는 쇼팽국립박물관

1954년에 개관한 이후 쇼팽 탄생 200주년이 되던 2010년에 17세기에 지은 바로크 양식의 오스트로그스키흐궁에 재개관했다. 이곳에는 쇼팽의 생애를 알 수 있는 자료, 작품, 친필 악보, 사진, 조각, 편지, 초상화, 그가 쓰던 피아노, 가구, 머리카락 등이 전시되어 있다. 여느 박물관과 달리 체험거리가 많다는 점이 특징적이다.

FRÉDÉRIC CHOPIN

고 오만한 태도라며 비난받았다. 피아니스트들 사이에 이것이 일반화된 것은 리스트와 클라라 슈만의 음악회 때문이었다. 연주 스타일과 추구하는 음악의 방향이 완전히 대척점에 있던 두 사람이 거의 동시에 시도한 암보는 막 대두되기 시작한 '전문' 피아니스트가 자신을 어필하기 위한 새로운 방법이었다.

굳이 암보가 아니라도 리스트는 그 존재감만으로 청중을 히스테리에 가까운 열광으로 몰아넣었다. 리스트를 자신과 완전히 다른 세계의 사람이라고 여기던 쇼팽이 그에게 경쟁의식을 느꼈다는 증거는 남아 있지 않지만, 팬들의 요청과 상드의 은근한 압력으로 그는 모처럼 리사이틀을 하기로 결정했다. 1841년 4월 26일로 날짜가 정해지자마자 상드는 주변 사람들에게 놀라운 뉴스를 재미있는 어조로 전달했다.

그는 또 마음을 바꾸려 하고 있어. 하지만 어쩌겠어. 이미 입장권의 대부분이 팔린 것을. 두려워하는 게 어찌나 많은지, 포스터나 프로그램도 만들기 싫대. 그리고 청중이 많이 오는 것도 원하지 않아. 그래서 내가 아예 소리 나지 않는 피아노로 연주하면 어떻겠냐고 했지.

— 1841년 4월 18일, 상드가 폴린 비아르도에게 보낸 편지 중

큰 연주를 앞둔 쇼팽의 안절부절하는 심경을 재미있게 그리고 있다. 그도 그럴 것이 놀랍게도 이 연주는 그가 작곡한 작품만으로 꾸며지는 첫 음악회였다. 성악가 로르 신티다모로와, 기교적인 바이올

린 연습곡으로 니콜로 파가니니의 후계자라는 칭호를 얻었던 하인리히 빌헬름 에른스트 등이 찬조 출연했으나, 그날의 승리자는 단연 건반 위의 쇼팽이었다. 프로그램은 그의 마요르카 체류와 직접적인 연관이 있는 작품으로 채워졌다. 〈프렐류드, Op. 28〉 중 몇 곡과 〈마주르카, Op. 41〉, 〈스케르초 제3번 c샤프단조, Op. 39〉, 〈발라드 제2번 F장조, Op. 38〉 등이 연주되었고, 마지막은 〈폴로네즈 제3번 A장조, Op. 40-1 '군대'〉와 〈폴로네즈 제4번 c단조, Op. 40-2〉으로 장식했다.

연주는 예상대로 대성공이었다. 청중은 손끝으로 빚어 내는 오묘한 무지갯빛 톤의 색깔과 조용하지만 강한 웅변조의 악상보다 마음을 송두리째 뒤흔드는 드라마를 경험하고 황홀한 충격에 빠졌다.

> 정말 나쁜 남자야. 우리의 쉽쉽*은 두 시간 동안 손가락만 움직이고도 파리의 온갖 미인들의 마음을 빼앗고 주머니에 6000프랑 이상을 챙겼으니까. 이제 여름 내내 놀아도 되겠지.
> ― 1841년, 상드가 이폴리트 샤티롱에게 쓴 편지 중

상드는 이복 오빠에게 이렇듯 짐짓 빈정대는 편지를 썼지만, 성공적인 연주에 쏟아진 찬사는 과장이 아니라 진실이었다. 퀴스틴 후작은 그날의 감동을 단순 명료하게 표시했다. "그가 연주한 것은 피아노가 아니라 영혼이었다." 『프랑스 뮈지칼』도 '확신을 가지고

---

* 쇼팽의 애칭.

진실된 작품을 통해 빚어내는 경쾌함과 달콤함의 피아니즘이 누구
와도 비교할 수 없는 독창성을 지녔다'는 평을 내놓았다.

리스트의 쇼팽

기념비적 음악적 사건에 가장 많은 미사여구를 남긴 사람은 글
쓰기에서도 탁월한 능력을 발휘한 리스트였다. 쇼팽에 관한 실질적
인 첫 전기로서 다소 장황하지만 문학적 가치가 충분한 『내 친구 쇼
팽』에서 리스트는 쇼팽의 예술을 접하는 감상자들의 심리와 연주
자의 의식 세계에 대해서까지 자신의 꼼꼼한 견해를 기록했다. 다
음은 『르뷔 에 가제트 뮈지칼 드 파리』에 쓴 기사로, 과장하기 좋아
하는 리스트의 연주 성향이 글에도 묻어난다.

쇼팽은 새로운 생각에 새로운 형식을 부여할 줄 안다. 조국과 관련
된 야성적이고 투박한 정서는 과감한 불협화음과 기묘한 화성으로
표현되었다. 반면 그의 천성과 연결된 섬세함이나 우아함은 아무
도 흉내 낼 수 없는 기발한 선율과 장식으로 나타났다. 월요일에 있
었던 연주회에서 쇼팽은 고전적 형식에 벗어난 작품들을 주로 연
주했다. 협주곡, 소나타, 환상곡, 변주곡 대신 그날의 레퍼토리는
프렐류드, 녹턴, 에튀드, 마주르카였다. 대중보다는 자신의 지인들
을 위해 연주했고, 자신의 본래 모습, 즉 비장하고 순수하며 심오한
시인이자 몽상가로서의 면모를 훌륭히 드러냈다. 쇼팽이 추구하는

상드가 그린 쇼팽

1841년 봄 파리는 유럽을 휩쓸고 도착한 대형 스타, 바로 초절기교의 거인이자 사교계의 왕인 리스트의 출현으로 크게 들썩거렸다. 이즈음 쇼팽도 주변의 요청과 압력으로 모처럼 리사이틀을 하기로 했다. 처음으로 그의 작품만으로 꾸며진 이 무대에서 쇼팽은 마요르카 체류와 관련 있는 곡들을 연주하여 대성공을 거두었다. 퀴스틴 후작은 그날의 감동을 "그가 연주한 것은 피아노가 아니라 영혼이었다"라고 표현했다.

것은 시끄러운 열광이 아니라 섬세한 공감이었으므로 일부러 청중을 놀라게 하거나 사로잡을 마음이 없는 듯했다.

— 1841년 5월 2일, 리스트가 『르뷔 에 가제트 뮈지칼 드 파리』에 쓴 기사 중

예상대로 리스트의 찬사에 대한 쇼팽의 반응은 미온적이었다. "이제 리스트가 그의 왕국에 내 자리를 하나 내줄 모양이군." 쇼팽이 언급한 왕국은 예전부터 그가 언급한 아프리카 콩고일지도 모른다.

냉소적인 반응과 별개로 리스트와의 관계가 회복 불가능할 정도로 벌어진 시기가 이즈음이다. 서로 다른 예술 세계에 대한 공감과 인정은 지속될 수 있었는지 모르나 사생활이 문제였다. 당시 리스트는 오랜 연주 여행에 불만이 쌓인 마리와의 관계를 끝내려 하고 있었다. 깊은 수준은 아니지만 그래도 남녀 관계였던 상드와 리스트 사이에서 연애를 시작한 마리가 이런 상황이 된 뒤 상드와 좋은 사이를 유지할 리가 없었다. 마리는 상드가 리스트를 파멸하기 위해 쇼팽의 연주회를 준비했다는 말도 안 되는 헛소문을 애정이 다한 연인에게 속삭이는 어리석은 짓을 저질렀고, 그 결과 리스트와 마리 사이는 완전히 끝나고 말았다.

쇼팽으로서는 아무리 생각해도 리스트의 연애 방식을 이해할 수 없었다. 자신의 집이 비어 있을 때 여자를 불러들이는가 하면, 플레엘의 아내와 추문을 일으키고, 자신이 출판한 새로운 악보들을 짐짓 무시하면서 과장된 형용사가 잔뜩 들어간 평을 늘어놓는 것도 싫었다.

언제나 '유익한' 잔소리만을 늘어놓는 아버지 미코와이의 견해

도 참고할 만하다. 1841년 12월 말, 아들에게 보낸 편지에서 미코와이는 리스트에 대해서 언급했다. "네가 그와의 우정을 아직도 유지하고 있다면 부끄러운 줄 알아야 한다." 미코와이의 마음은 1844년 5월 그가 세상을 떠나기 직전, 연주 여행차 바르샤바를 찾은 리스트와 직접 만난 이후 다소 누그러졌다. 미코와이의 부음을 들은 쇼팽이 절망에 빠져 있을 때, 리스트는 초대받지 않았음에도 기꺼이 쇼팽을 찾아 진심 어린 위로를 건네기도 했다.

비아르도와 만나다

겉으로는 사교적인 척하나 속내를 내보이지 않고, 연주 직후에 심한 좌절감에 빠져 한동안 좋은 기분으로 돌아오지 못하는 쇼팽의 성격을 상드가 모를 리 없었지만, 하루 종일 아무 말도 하지 않고 상처 받은 사람처럼 굴 때는 당황스러움을 느꼈다. 그가 기분이 나쁠 때는 주변 사람들 모두를 힘들게 했기 때문에 그러려니 넘어갈 수도 있었지만, 천재의 일상을 살펴보면 이유 없는 분노 또한 별로 없었다.

쇼팽 스스로 별다른 재능이 없다고 생각한 자신의 제자 마리 드로지에르가 솔랑주의 피아노 선생님이 되었는데, 그 과정에서 우연찮게도 과거 쇼팽과 혼삿말이 오갔던 마리아 보진스카의 오빠 안토니와 마리가 사귀는 사이로 발전했다. 여러 가지 이유로 안토니를 보기 싫어한 쇼팽은 노앙에 안토니가 오는 것을 완전히 금지했다.

1841년 7월에는 더 불쾌한 소식이 이어졌다. 마리아가 요제프 스카르베크와 결혼했다는 소식을 들은 쇼팽은 당혹스러움을 느꼈다. 스카르베크 집안은 쇼팽이 태어난 젤라조바볼라에 영지를 가지고 있었다. 게다가 요제프의 아버지인 스카르베크 백작은 쇼팽에게 '프리데리크'라는 이름을 물려준 인물이었기에 요제프와 마리아의 만남이 쇼팽으로서는 더더욱 달가울 리 없었다. 그러나 두 사람은 몇 년 가지 못해 이혼했고, 마리아의 여생은 그다지 행복하지 못했다.

1841년 8월, 노앙을 찾은 스페인계 메조소프라노 폴린 비아르도 가르시아와 그의 남편 루이와의 만남은 쇼팽에게 적지 않은 에너지를 전달했다. 비아르도는 로시니의 〈오텔로〉, 자코모 마이어베어의 〈예언자〉, 샤를 구노의 〈사포〉 등에서 주연을 맡았으며, 화려한 음성과 깊이 있는 표현력으로 하이네에게서 "이국적인 야성과 압도적인 달콤함을 선사하는 예술가"라는 극찬을 받기도 했다. 피아니스트이자 작곡가로도 활동하며 쇼팽의 작품 중 몇 곡을 성악곡으로 만들기도 했던 그녀와의 만남은 이듬해까지 이어졌다.

1842년 2월 21일, 거의 1년 만에 열린 파리 음악회에서 비아르도는 자신의 작품을 쇼팽의 반주로 노래했다. 쇼팽의 여생에 가장 충실한 친구가 되어 준 첼리스트 프랑솜도 함께한 이날의 음악회에서 쇼팽은 〈프렐류드 제15번 D플랫장조, Op. 28-15 '빗방울'〉, 세 곡의 마주르카, 〈발라드 제3번 A플랫장조, Op. 47〉, 〈녹턴 제13번, Op. 48〉 등을 무대에 올렸다. 이 중 발라드와 녹턴은 여러 가지로 심난한 시기였음에도 창작력은 시들지 않았던 그의 신곡들로 주목받았다. 폴란드 시대의 작품으로는 파리 데뷔 시절부터 아끼던 〈안단테 스피아나토와 화려한 대폴로네즈, Op. 22〉의 첫 부분인 '안단테 스피아나토'를 연주했다.

소박하고 단순하지만 무공해에 가까운 순수함으로 듣는 이를 황홀경에 빠트리는 쇼팽 특유의 시적인 결정체라고 할 수 있는 〈안단테 스피아나토와 화려한 대폴로네즈, Op. 22〉를 바르샤바필하모닉홀에서 감상할 수 있었던 것은 우연한 행운이었다. 늘 화제의 중심에 있는 중국인 피아니스트 유자왕을 만나 더욱 뜻깊은 추억이 되었다.

중국인이지만 이미 세계적인 인기를 모으고 있는 유자왕의 연주가 내게 이질적이면서도 특별하게 들린 것은 유서 깊은 쇼팽의 공간에서 한 것이기 때문이기도 하다. 바르샤바필하모닉홀은 쇼팽국제피아노콩쿠르를 포함하여 폴란드 내 쇼팽과 관련한 이벤트의 주요 무대다. 얼마나 많은 쇼팽 음악의 향연이 이곳에서 벌어졌을지는 새삼 헤아려볼 필요도 없을 것이다. 쇼팽의 피아노 음악으로 갖가지 스토리를 만들어 낸 이곳은 구석구석 그에 대한 애정으로 가득하다. 로비에는 다양한 모양의 쇼팽 흉상들이 있고, 입구와 층계 옆에 놓인 음반과 서적 매장 등에도 단순히 쇼팽 관광을 위한 물건들만 놓여 있지 않았다.

젊고 재능 있는 연주자라도 오랜 세월 동안 축적된 쇼팽 해석의 내공이 충만한 청중 앞에서 자신을 내놓기란 적지 않은 부담일 텐데, 고도의 집중력과 기분 좋은 긴장감이 터치에서부터 드러난 유자왕의 해석은 예의 재기 발랄함과 깔끔한 서정성, 물 흐르듯 유창

한 프레이징으로 빛났다. 청중의 반응도 연주만큼이나 흥미로웠다. 그들에게는 다분히 이색적일 수밖에 없는 개성 넘치는 해석에 대해 깊은 이해가 동반된 박수갈채가 쏟아졌다.

폴란드 고유의 선율, 마주르카

시공간적으로 참으로 멀리 떨어져 있지만 쇼팽의 연주를 들은 파리 살롱의 지인들과, 유자왕의 연주를 듣는 바르샤바의 청중이 공유할 수 있는 요소가 있다면 그것은 분명 고향을 그리워하는 작곡가의 영혼이었을 것이다. 어릴 적의 추억을 한순간도 잊어 본 적 없는 쇼팽이 늘 돌아가고자 했던 음악적 고향은 바로 마주르카 리듬이었다.

빈 체류 시절부터 왈츠에 대한 거부감을 표했던 쇼팽의 취향은 폴란드에 대한 그리움과 함께 점차 확고해졌다. 1831년 7월 16일, 가족에게 보낸 편지에서 그는 이렇게 말했다. "내 피아노는 오직 마주르카만을 들어 왔습니다." 활동 초기의 쇼팽은 마주르카 춤을 모르던 서유럽의 청중에게 그 원형을 들려주고자 노력했으나, 이내 그 노력이 허사로 돌아갔음을 1830년 12월 22일 가족들에게 쓴 편지에서 말했다. "새 마주르카들을 보내 드릴 수 없는 이유는, 제가 아직 사본을 만들지도 않았지만 이곳 사람들이 춤을 추려 들지 않아서 그래요."

서유럽인들의 반응과 상관없이 쇼팽이 이 독특한 리듬의 민속 춤곡을 그저 '춤'에 머물지 않게 하려 한 의도는 창작 초기부터 드러난다. 음악학자 토마스체프스키는 쇼팽의 마주르카가 민속음악의 원형에서 완전히 벗어난 '논리적인' 창작물이라고 언급했다. 대부분 단순한 3부 형식으로 꾸며진 짧은 음악적 논리를 가진 마주르카들은 동시에 쇼팽의 지극히 개인적하고 내밀한 모습을 매력적인 화성언어로 설명해 준다.

놀라운 것은 피아노 하나로 듣는 이의 상상력을 자극하는 범위가 경이적이라는 사실이다. 적절한 반음계와 교묘하게 쓰이는 템포루바토를 보여 주는 동시에 유대인들이 두드리는 타악기와 종소리를 연상하게 만드는 기술은 쇼팽의 작품들 가운데도 보기 드물 만큼 탁월하다.

리듬과 선율의 느낌에 따라 크게 세 종류로 나뉘는 마주르카는 쇼팽을 만나면서 또 한 번 흥미로운 결합과 분열을 하게 된다. '마주레크(마주르)'는 바르샤바를 포함한 폴란드의 중앙 지역인 마조프셰에서 유행한 춤으로, 액센트가 둘째 혹은 셋째 박에 놓이는 중간 빠르기의 마주르카다.

이보다 좀 더 빠르고 공격적인 '오베레크'는 빙글빙글 돌며 추는 춤곡으로, 흔히 마지막 한 사람이 쓰러질 때까지 멈추지 않는 어지러운 리듬으로 알려져 있다. 오베레크 역시 첫째 박에 액센트가 놓이지 않는데, 빠른 8분음표로 이어지는 춤을 듣다 보면 어느새 눈도 어지러워진다.

'쿠야비아크'는 쇼팽의 어머니 유스티나의 고향인 바르샤바 서쪽 쿠야비 지역의 춤으로, 느린 템포로 길게 끄는 듯한 멜로디 진행

〈쇼팽의 마주르카〉

쇼팽은 스무 살 이후 타지를 전전하다 결국 고향으로 돌아가지 못하고 눈을 감고 말았지만,
고향의 음악을 한 번도 잊은 적이 없었다. 쇼팽은 "내 피아노는 오직 마주르카만을 들어 왔다"

라고 말하기도 했다. 폴란드의 민속 춤곡인 마주르카의 리듬은 쇼팽의 개인적이고 내밀한 모
습과 만나면서 단순히 춤곡에 머물지 않고 새롭고 독창적인 음악으로 재탄생했다. 이 그림은
폴란드 화가 에드워드 오쿤이 1911년에 그린 것이다.

이 특징이다. 쇼팽의 쿠야비아크는 특유의 멜랑콜리로 어두운 감정이 짙은 것이 대부분이다. 가벼운 한숨이 섞인 시골 사람들의 춤은 쇼팽을 통해 강한 비애감마저 도는 진지한 감상용 작품으로 재탄생했다.

60곡 가까이 남아 있는 쇼팽의 마주르카는 작곡가의 영혼 가장 깊은 곳을 드러낸 소중한 소품들임이 분명하지만, 전통적인 춤곡의 '평범함'을 중시하던 폴란드인들에게는 비판의 대상이 되기도 했다. 파리에서 활동하던 폴란드인 평론가 루드비크 나비엘라크는 쇼팽의 수법이 너무 지나치게 센티멘털하다며 꼬집었다.

> 멜랑콜릭한 마주르카라니! 마치 결혼식 파티에 장례 분위기를 넣은 듯하다. 마주르카에 미안함을 표시하고 싶다. 이 춤곡의 십자가형을 온 세상에 알린 쇼팽에게 경의를.
>
> — 1843년 5월 27일, 루드비크 나비엘라크가 『에미그레』에 게재한 글 중

다행히 냉랭한 평가는 빠르게 바뀌었다. 작곡가 브와디스와프 젤렌스키는 쇼팽의 마주르카가 살롱 음악의 새로운 경지를 개척했다고 평하며 춤추는 마주르카, 노래하는 마주르카, 발라드 형태의 마주르카로 분류하여 그 중요성을 설명했다. 무엇보다 쇼팽의 최측근이 이 걸작들의 진가를 인정해 주었다. 상드는 들라크루아에게 보낸 편지에서 마주르카의 아름다움에 대해 언급했다.

쇼팽은 두 곡의 마주르카*를 작곡했어요. 마흔 개의 로맨스 소설보다 값어치 있고 100년 동안의 문학 작품 전체 보다 많은 것을 설명해 주지요.

— 1842년 5월 29일, 상드가 들라크루아에게 보낸 편지 중

천둥과 환상, 폴로네즈

바람 잘 날 없는 쇼팽의 일상은 1년 가까운 시차를 두고 치른 성공적인 두 번의 음악회 직후에도 크고 작은 소용돌이를 겪었다. 1842년 4월 20일에는 절친인 마투신스키가 폐결핵으로 세상을 떠났다. 자신의 품속에서 친구를 떠나보낸 쇼팽의 참담한 심경이 어떠했을지 헤아리기란 힘들다. 설상가상으로 폴란드에서는 옛 스승인 지브니의 부음이 들려왔다. 쇼팽의 심신이 더 창백해지기 전에 상드는 그를 노앙으로 이끌었다. 쇼팽도 5월 초부터는 다시 안정되면서 대작들을 내놓기 시작했다.

1842년 여름, 노앙을 찾은 손님 중 가장 중요한 인물은 처음으로 이곳을 방문한 들라크루아였다. 그와 쇼팽의 친분으로 보아서는 이례적일 정도로 늦은 방문이었다. 대신 상드는 들라크루아가 아끼는 고양이와의 동반을 허락해 줌으로써 특별히 환대해 주었다.

이해 여름에 쇼팽이 완성한 작품 중에는 그의 작품으로는 드물게

* 〈마주르카, Op. 50〉.

호쾌한 남성미가 직접적으로 드러나는 〈폴로네즈 제6번 A플랫장조, Op. 53 '영웅'〉이 있다. 은행가이던 친구 오귀스트 레오에게 헌정한 이 작품의 첫 번째 주제를 폴란드인들은 제2의 국가처럼 여긴다. 오스트리아인들이 요한 슈트라우스 2세의 왈츠 〈아름답고 푸른 도나우, Op. 314〉를 생각하는 것 이상의 애정이 아닐 수 없다. 내면의 뜨거운 감성이 용암처럼 넘실대는 전주와 이윽고 등장하는 당당한 느낌의 주제 선율은 들을 때마다 폴란드인들이 얼마나 벅찼을지 공감이 된다. 으뜸 조성인 A플랫장조를 떠나 두 개의 조성을 가진 에피소드들을 지나 다시 첫 주제를 반복한다. 그런 뒤 시작되는 트리오(중간부)는 E장조로, 옥타브로 연주하는 왼손의 격렬한 움직임이 기교적인 화려함을 제공한다. 천지를 뒤흔드는 듯한 옥타브 사운드가 멈춘 뒤 나타나는 달콤한 브리지 부분은 쇼팽 특유의 섬세한 뉘앙스를 강조하며, 본격적으로 재현에 나선 폴로네즈는 간결하면서도 인상적인 종결부를 형성하며 개운하게 끝맺는다.

어찌 보면 〈폴로네즈 제6번 A플랫장조, Op. 53 '영웅'〉보다 1년 정도 먼저 만든 〈폴로네즈 제5번 f샤프단조, Op. 44〉가 작곡가의 복잡한 심경, 그중에서도 폴란드의 내음을 조금이라도 더 느끼려는 심리 상태를 적극적으로 그리고 있는지 모른다. 모두 네 부분으로 나뉘는 이 거대한 폴로네즈는 파도가 격정적으로 흘러넘치는 듯 진행되는 시작과 끝부분 사이, 이를 장식하는 듯 삽입되어 있는 2부와 3부가 특별한 매력을 발산한다. 2부의 으뜸 조성은 A장조이며, 고집스러운 느낌의 폴로네즈 리듬과 꾸밈음이 열두 마디나 반복된다. 리듬 속 날카로움이 서서히 무디어지며 시작되는 3부는 마주르카

〈폴로네즈 제6번 A플랫장조, Op. 53 '영웅'〉 친필 악보

쇼팽의 폴로네즈 중 가장 유명한 이 곡은 1842년 여름 노앙에서 완성한 것이다. 쇼팽의 작품으로는 드물게 호쾌한 남성미가 드러나는 곡으로, 고난을 헤치고 점차 고양되다가 이윽고 당당하고 벅찬 승리감을 맛보게 한다. 폴란드인들은 이 작품의 첫 번째 주제를 제2의 국가로 여긴다.

다. 부드럽게 흔들리는 쿠야비아크는 2부와 극단으로 차별되는 아름다움을 만들며 독립된 마주르카들보다 좀 더 격식 있고 귀족적인 분위기를 낸다. 이 두 파트는 쇼팽의 폴로네즈가 끊임없이 추구해 온 영웅적 요소와 서정적·목가적 요소의 대립을 나타내는 가장 선명한 예다. 그 결과는 전체 작품의 규모를 더욱 확대하는 효과를 낳는다. 쇼팽의 작품에 미사여구와 추상적 표현을 얹는 것을 즐긴 리스트는 이 폴로네즈에 대해 다음과 같은 평을 남겼다. "엎치락뒤치락 잠 못 이룬 겨울밤을 보낸 뒤 날카로운 회색빛의 차가운 햇살 때문에 깨진 꿈을 이야기하는 듯한 인상을 준다."

쇼팽 자신은 〈폴로네즈 제5번 f샤프단조, Op. 44〉에 대해 '폴로네즈의 형식을 빌린 환상곡'이라고 했지만, 정작 작품명에 '환상'이라는 단어를 넣은 곡은 1846년에 완성한 〈폴로네즈 제7번 A플랫장조, Op. 61 '환상 폴로네즈'〉다. 그의 작품을 통틀어도 최고의 걸작인 이 곡은 작곡가 특유의 우아함과 파토스, 세련되게 정제된 기교적 요소가 이상적으로 결합되어 듣는 이들을 황홀함의 극치로 이끈다.

〈폴로네즈 제5번 f샤프단조, Op. 44〉보다 더 자유로운 형식을 추구한 이 곡은, 자신의 작품에서 무형식의 자유로움을 지향하던 리스트조차 간단없이 끊기고는 하는 불규칙한 프레이즈들에 당황스러워했다. 상드와의 결별을 앞둔 시기의 작품인 만큼 심신의 피로감과 절망이 드러나지만, 동시에 흔들리는 작곡가의 심리가 지극히 단편적인 상념처럼 흐르고 멈추기를 반복한다. 절룩거리는 듯 뒤집힌 부점 리듬으로 시작되는 서주는 갈수록 사색의 분위기를 고조시키며, 마침내 시작된 폴로네즈 리듬 속 첫 번째 주제는 다양한 전조를 보이다 두 번째 주제로 안내한다. 부드러움과 동적인 충동을 간직한 두 번째 주제 역시 어지러운 조옮김을 보이고, 간절함을 담은 세 번째 주제와 코랄풍의 전주를 동반해 감동적으로 등장하는 마지막 주제는 자유로운 환상곡으로 변해 간다. 응축되어 있던 에너지가 멋지게 폭발하는 피날레의 클라이맥스는 그동안 소개된 주제적 요소들이 골고루 재현되며 짙은 뉘앙스를 남긴 채 끝난다.

1842년 6월은 들라크루아의 방문으로 지루하지 않게 보냈지만, 7월 초에 쇼팽은 다시 병이 났다. 여러 가지 이유로 파리의 다른 거처를 알아보고 있던 쇼팽과 상드는 7월 30일에 열흘간의 일정으로 파리를 방문해 새로운 집을 구했다. 현재 파리 9구에 있는 주거용 광장인 스쿠아르도를레앙은 중간에 작은 정원이 있고 그 주위를 여러 건물이 둘러싸고 있는 모양새다. 이곳에는 두 사람뿐만 아니라 상드의 절친이던 샤를로트 마를리아니 부인, 칼크브레너, 알캉 등이 살았다. 처음에는 상드가 5번지에, 쇼팽이 9번지에 살기로 했으나 계단을 오르내리기 힘들어하는 쇼팽을 위해 5번지에 쇼팽의 거주지 겸 작업실을 꾸몄다. 이곳은 쇼팽이 마지막 해인 1849년 6월까지 그에게 소중한 안식처가 되어 주었다.

시인의
슬픔

조력자들

1842년 9월, 스쿠아르도를레앙의 집에서 새로운 파리 생활을 시작한 쇼팽에게 또 다른 이별이 다가오고 있었다. 이해하기 어려운 것은 몸과 마음의 상태가 거꾸로 진행되는 듯한 그의 상태였다. 그해 봄 사랑하던 두 사람인 지브니와 마투신스키를 잃었지만, 늘 병약하던 쇼팽은 오히려 그 아픔을 에너지 삼아 창작의 불을 지폈다. 그랬기에 정신적으로 큰 타격은 아니었을지라도 자신의 편지 친구이자 수족 같은 매니저이던 폰타나의 부재는 생활 속 큰 스트레스로 다가왔을 것이다.

엘스너의 문하에서 공부한 폰타나는 이후 파리에서 작곡가와 피아니스트로서뿐만 아니라 작가, 변호사, 번역가로 활동했으며, 말년에는 사업에도 손을 댔다. 상드 일가와 지인들이 속한 커뮤니티와 파리 음악계의 중심에 발을 들여놓는 미래를 상상하며 열심히 친구 쇼팽을 도우던 폰타나가 자신에게 더 이상 밝은 미래가 없다는 것을 확인한 뒤 쇼팽과의 관계를 정리했다고 해서 비난받을 이유는 없을 듯하다. 친구에 비해 조금 모자랐던 폰타나의 재능과 그것에 따른 운명은 그에게 새로운 길을 제시했다.

1843년 3월 17일, 쇼팽이 연주의 한 부분을 담당했을 것으로 추측되는 자선 음악회를 연 폰타나는 이후 쿠바로 건너가 하바나에서 2년간 체류했다. 완전한 신세계였던 쿠바에서 쇼팽의 음악이 처음 울린 것도 폰타나에 손에 의해서였다. 1844년 7월 8일, 뉴욕에서도 음악회를 열며 피아니스트로서의 모습을 잃지 않았던 폰타나는 쇼팽 사후인 1853년에 파리로 돌아와 시인 미츠키에비치와 새로운 우의를 다지는 동시에 쇼팽의 유작들을 유가족의 동의하에 출판하기 시작했다.

1855년과 1859년 두 차례에 걸쳐 〈즉흥 환상곡, Op. 66〉에서 〈론도 C장조, Op. 73〉까지의 독주곡과 가곡을 출판한 폰타나는 이후 폴란드, 파리, 뉴욕, 하바나를 오가며 생활했다. 천문학에도 조예가 있었으며, 미겔 데 세르반테스의 『돈키호테』를 폴란드어로 번역하는 등 의욕적으로 활동한 그이지만, 청각 장애와 사업 실패로 인한 경제적 빈곤을 이유로 쉰아홉 살이라는 나이에 자살을 택했다는 사실은 안타깝다. 폰타나는 너무 일찍 세상을 등진 친구 쇼팽을 오랫동안 그리워했다.

쇼팽이라는 탁월한 예술가에 대해서는 할 말이 정말 많습니다. 그의 재치 있는 말솜씨와 유머는 30년 이상 된 친구인 내게만 익숙했던 것이죠. 사람들이 피상적으로 가지고 있었던 그의 이미지 내면을 보여 드렸으면 합니다.

— 1851년 6월 6일, 폰타나가 스타니스와프 코즈미안에게 보낸 편지 중

점차 쇠약해져 가던 쇼팽의 다음 조력자는 프랑숌이었다. 온화하고 포용력이 많았던 프랑숌은 친구 쇼팽의 까다로운 부탁을 기꺼이 들어준 것은 말할 것도 없고, 음악적으로도 폰타나와는 비교할 수 없을 정도로 많은 영향을 주고받았다. 파리음악원을 졸업한 뒤 1846년부터 학교의 교수로 일하기 시작한 프랑숌은 영국 연주 여행을 빼놓고는 줄곧 자신의 자리를 지키며 활동했다. 쇼팽이 파리에 자리 잡은 직후 시작한 둘의 우정은 생의 마지막 순간까지 지속되었다. 마이어베어의 주제에 의한 변주곡인 〈그랜드 듀오 콘체르탄트 E장조, B. 70〉과 〈첼로소나타 g단조, Op. 65〉를 포함하여 프랑숌이 첼로 부분을 다시 만든 〈서주와 화려한 폴로네즈 C장조, Op. 3〉 등은 그 우정의 산물이다.

19세기 프랑스 첼로 역사의 산 증인으로 많은 제자들을 길러 내기도 한 프랑숌은 특히 활 쓰기 주법의 정리와 발전에 많은 공헌을 했다. 18세기를 대표했던 첼리스트인 장피에르 뒤포르와 장루이 뒤포르 형제의 실질적인 계승자였던 그는 실제로 장 루이가 연주하던 '뒤포르 스트라디바리'를 소유했다. 쇼팽이나 폰타나와 달리 프랑숌은 1884년 1월 21일 일흔다섯 살의 나이로 잠을 자다 세상을 떠났는데, 프랑스 최고의 훈장인 레지옹도뇌르훈장을 받고 나흘 뒤였다.

쇼팽의 또 다른 조력자 오귀스트 프랑숌

오랫동안 쇼팽의 매니저 역할을 해 준 친구 폰타나가 떠난 이후 쇠약해져 가는 쇼팽의 곁을
마지막까지 지킨 사람은 오귀스트 프랑숌이었다. 당대 최고의 첼리스트이자 작곡가였음에도
쇼팽의 친구로 더 많이 알려져 있다. 쇼팽은 〈첼로 소나타 g단조, Op. 65〉 등을 써서 프랑숌의
우정에 화답했다.

뤼제트의 선물

안팎으로 뒤숭숭한 시절이었지만 쇼팽의 작품 세계는 그야말로 완벽에 다가서고 있었다. 1843년은 그의 작품들이 출판을 통해 유럽 각지에 알려진 결정적인 해였다. 그해 12월에는 라이프치히를 근거지로 하고 있던 브라이트코프운트헤르텔출판사와 Op. 12에서 Op. 54까지의 작품 전체(다른 출판사에서 나온 아홉 곡은 제외)를 프랑스와 영국을 제외한 전 세계에 걸친 판권 계약을 했다. 은행가이던 친구 레오 등이 열심히 뛰어 준 덕분이었다.

한층 올라간 작곡가로서의 명성과 비례해 논란이 될 만한 비평도 등장했다. 1843년 4월 7일 바르샤바에서는 리스트의 음악회가 열렸는데, 이 피아노의 제왕은 쇼팽의 고향이라는 의미를 기념하며 마주르카와 에튀드 등을 연주해 청중을 열광시켰다. 이 음악회 이틀 전 리스트는 미코와이를 방문했는데, 이 일은 미코와이가 리스트에 대해 가지고 있던 좋지 않은 선입견을 없애는 계기가 되었다. 바르샤바의 이벤트에 대해 발자크는 특유의 따끔한 유머로 말했다. "리스트가 연주하는 쇼팽을 듣기 전에 피아니스트 리스트를 평가하면 안 된다. 헝가리인은 악마이고 폴란드인은 천사이니까."

한편 런던의 신문 「뮤지컬 월드」가 평가한 쇼팽의 위상은 알쏭달쏭하다. 이 신문은 이미 〈마주르카, Op. 41〉에 대해 익명의 평론가를 통해 "고통스러운 불협화음과 꾸며 낸 허세의 팡파르"라는 평을 내놓기도 했다.

쇼팽은 리스트와 슈만에 의해 자신이 한 번도 의도하지 않은 높은 위치에까지 올랐다. 반면 고전파 작곡가로서 쇼팽의 위상은 멘델스존과 슈포어에 의해 과소평가되었다. 아울러 그의 음악은 매우 열광적인 집단의 청중에게만 환영받는다는 주장이 많지만, 사실 이렇게 평가하는 이의 대부분은 이 작곡가의 음악에 대해 피상적인 지식만 가지고 있다. 음악가들의 다양한 의견을 공정하게 판단할 수 있는 사람은 오직 조용한 관찰자들뿐이다. 쇼팽의 음악을 베토벤이나 멘델스존과 같은 높이에 두는 것이 많이 황당한 일은 아니며, 확실히 탈베르크나 될러의 음악보다는 우수하다. 그는 매우 독자적인 아이디어를 지니고 있고 지치지 않는 창의력도 갖추었지만, 교향곡이나 그 외의 오케스트라 곡을 만들 수 있는 능력은 가지고 있지 않다.

— 1843년 8월 17일, 「뮤지컬 월드」 중

그해 여름의 노앙은 좋지 않은 날씨로 사람들을 우울하게 만들었다. 그중 기분이 괜찮은 사람이 있었다면 쇼팽이었는데, 5월 말부터 찾아온 꼬마 아가씨 덕분이었다. 비아르도의 어린 딸 뢰제트(루이스)는 아이를 좋아하지 않는 쇼팽을 완전히 다른 사람으로 만들었다. "그는 아이의 손에 입을 맞추느라 정신이 없어." 모리스와 솔랑주에게 보낸 6월 중순의 편지에서 상드는 쇼팽의 즐거움에 대해 언급했다. "아이와 노느라 나는 혼자 된 것처럼 심심하기도 해. 이곳의 날씨에 대해 말하자면 문밖으로 코만 살짝 내밀어도 비에 몸이 젖게 된단다."

뤼제트가 선물한 동심의 세계로부터 태어났다고 여겨지는 〈자장가 D플랫장조, Op. 57〉은 5분 남짓의 소품이지만, 타고난 비범함이 노련한 작곡 기법과 만나면서 완벽에 가까운 결과물을 만들어 낸 예로 평가받는다. 달콤한 속삭임으로 시작되는 왼손이 단순한 으뜸딸림화음의 패턴을 만들어 내며 시작하는데, 놀랍게도 이 진행은 처음부터 마지막까지 똑같은 모양으로 유지된다. 예외가 있다면 종결부의 두 마디가 버금딸림화음으로 잠깐 이탈하는 것뿐이며, 오른손 선율은 고집스럽게 연주되는 왼손 위에서 귀를 간질이는 멜로디로 시작해 즉흥성과 분방함을 갖춘 패시지들로 화려하고 우아하게 발전해 간다. 별다른 클라이맥스가 느껴지지 않아 어렵지 않게 들리지만, 미묘한 화성의 변화와 그 기저를 감도는 베이스의 으뜸음을 유지하기 위한 고도의 페달링이 요구되는 난곡다.

쇼팽 음악의 모순

20세기 최고의 쇼팽 연구가 중 한 명으로 크라쿠프음악원의 교수를 역임한 토마스체프스키는 쇼팽 탄생 150주년이던 1999년에 그의 작품에 나타난 여섯 가지 '모순적 요소'를 언급하면서 작품이 지닌 특질을 알기 쉽게 설명했다.

첫 번째 모순은 루바토와 마에스토소다. 리듬의 불균형 자체가 구조의 특징을 규정하는 루바토적 요소가 장대함(마에스토소)과 큰 스케일을 내세우는 협주곡의 1악장 등에서 나타나 양극단의 정서를 발견하게 된다는 의미다. 두 번째는 단순함과 화려함이다. 〈프렐류드 제7번 A장조〉와 어린 시절 치기와 유머 감각이 동시에 느껴지는 습작들을 대표적인 예로 들 수 있다. 세 번째는 로망스와 발라드다. 녹턴과 그 외의 서정적인 악상(로망스)은 발라드와 소나타 등 대곡의 구성에도 자주 등장해 대조를 이룬다. 네 번째는 스케르초 등에서 발견되는 몽환적 기분과 황홀경이고, 다섯 번째는 경건한 코랄풍과 악마적 분위기다. 마지막 여섯 번째 모순은 멜랑콜리와 영웅적 요소로서, 마주르카를 포함한 서정적 소품들과 보색 대비가 되는 작품으로 〈에튀드 a단조, Op. 25-11, '겨울 바람'〉을 예로 들었다.

그 어떤 작품보다 많은 팬을 거느리고 있으며, 쇼팽의 이름을 불멸로 만드는 데 가장 큰 영향을 끼친 것이라면 역시 녹턴이고, 앞에서 말한 열두 가지 요소를 골고루 지니고 있다는 면에서 주목된다. 아일랜드 출신의 탁월한 작곡가이자 피아니스트인 존 필드가 최초로 설계하고 착수한 녹턴은 18세기의 세레나데와 비슷한 역할을 했다. 필드의 악상이 차분하고 부드러운 흐름으로 밤의 공기를 들

녹턴

쇼팽의 어떤 곡보다도 그의 이름을 불멸로 만드는 데 많은 영향을 준 것은 깊은 밤의 정서와 섬세하고 풍부한 서정성을 담고 있는 녹턴이라 할 수 있다. '야상곡'이라는 뜻의 녹턴이라는 장르는 아일랜드의 피아니스트인 존 필드가 처음 만들었고, 이후 쇼팽이 정교하고 세련된 피아노 소품으로 발전시켰다. 쇼팽은 1827년부터 1846년까지 총 스물한 개의 녹턴 곡을 만들었는데, 그중에서도 특히 〈녹턴 E플랫장조, Op. 9-2〉가 유명하다. 이 그림은 영국 화가 제임스 애벗 맥닐 휘슬러가 1875년경에 그린 〈검은색과 금색의 녹턴: 떨어지는 불꽃〉으로, '녹턴' 연작 중 하나다.

이마시는 것이었다면, 쇼팽의 그것은 복잡 미묘한 사색과 밤의 환상을 결합한다.

모두 스물한 개의 곡이 남아 있는 쇼팽의 녹턴은 20세기 프랑스 철학자 블라디미르 얀켈레비치에 의해 "복잡한 형이상학에 의한 낭만주의의 철학적 아이디어"라고 설명되었다. 저녁과 밤, 새벽과 아침의 경계를 모호하게 만드는 쇼팽의 피아니즘은 추상음악의 매력을 온전히 지니고 있는 서정적 소품의 형태로 나타난다.

앞서 언급한 〈자장가 D플랫장조, Op. 57〉을 녹턴의 범주에 넣는다고 가정한다면 쇼팽의 녹턴은 편안한 리듬과 그에 따른 최면 효과를 함께 지닌다(〈녹턴 제11번 g단조, Op. 37-1〉, 〈녹턴 제17번 B장조, Op. 62-1〉). 〈녹턴 제2번 E플랫장조, Op. 9-2〉에서 보듯 규칙적이나 본질적으로 흔들리는 특성을 지닌 8분의 12박자 위를 유영하는 멜로디는 리듬의 가장 약한 부분을 노려 매력적인 루바토를 선사하고, 아지타토(격정적으로)의 중간부는 깊은 밤에만 충동적으로 솟구쳐 나오는 작곡가 내면의 고백처럼 들린다(〈녹턴 제3번 B장조, Op. 9-3〉). 〈녹턴 제6번 g단조, Op. 15-3〉, 〈녹턴 제12번 G장조, Op. 37-2〉, 〈녹턴 제14번 f샤프단조, Op. 48-2〉 등에서 나타나는 지속적인 반주 음형과 템포는 종교적 경건함을 나타내는데, 그 속에서 작곡가 특유의 집중과 열광을 엿볼 수 있는 대목도 있어 흥미롭다. 말할 것도 없이 녹턴도 쇼팽의 광기를 절절히 그려 내며, 〈녹턴 제13번 c단조, Op. 48-1〉, 〈녹턴 제16번 E플랫장조, Op. 55-2〉가 그 대표적인 예다. 걸작으로 널리 사랑받는 〈녹턴 제7번 c샤프단조, Op. 27-1〉과 〈녹턴 제8번 D플랫장조, Op. 27-2〉는 이명동음의 조성인 동시에, 절망의 발산과 사랑의 설렘이라는 극단의 정서로 다른 어떤 녹턴에서도 경험할 수 없는 우아함을 만든다.

슬픔 이상의 슬픔

쇼팽의 본질을 이루는 단어 몇 가지를 떠올릴 때 결코 빠질 수 없는 것이 폴란드어 'zal'이다. 영어로는 'sorrow', 'sorry', 'regret' 등으로 풀이할 수 있지만, 모두 정답은 아니다. 단순한 '슬픔' 이상의 깊이를 지닌 'zal'은 현재 상태의 슬픈 감정과, 이미 저지른 행동이나 사건에 의해 정해져 버린 후회를 동시에 나타낸다. 1842년에 작곡해 이듬해 출판한 〈발라드 제4번 f단조, Op. 52〉는 이 정서를 가장 잘 표현한 곡이다.

소나타와 변주곡 두 형식이 서로 구분할 수 없게 섞여 있는 독특한 구성의 이 발라드 전면에는 절친 마투신스키와 스승 지브니의 사망 등을 겪은 비애가 드러나며, 스스로 절망의 구덩이로 다가서고 있음을 담담히 인정하는 달관의 모습도 비친다. 긴 호흡의 이야기를 예고하는 서주에 이어 우울한 1주제가 왈츠풍으로 제시되고, 반복을 통해 복잡해진 다음에 등장하는 2주제는 경건한 코랄풍이다. 복잡한 아라베스크 무늬를 연상시키는 작곡가 특유의 반음계적 패시지로 꾸며진 발전부를 지나 재현되는 두 개의 주제는 충동적인 에너지로 장대함과 화려함을 충전한 채 마지막을 향해 달려간다. 가장 격렬한 순간 나타나는 파우제와 차분한 여덟 마디의 화음 진행은 언제 들어도 절묘하며 극적이다.

쇼팽과 상드는 가을이면 겨울을 나기 위해 파리로 돌아오고는 했는데, 1843년에는 함께 움직이지 않았다. 10월 29일, 쇼팽은 모리스와 함께 파리에 도착했다. 상드는 솔랑주와 함께 한 달 뒤쯤 뒤따를 예정이었는데, 건강 문제가 계속 따라다니던 쇼팽을 뒤치다꺼리하느라 먼 거리에서조차 스트레스를 받았다.

파리에 도착하자마자 병이 난 쇼팽은 그해 겨울을 긴장 속에서 보냈다. 파리에서 유행하던 독감에 걸리면서 악전고투한 1844년 초에는 다양한 학생들과 레슨을 하며 지나갔고, 3월 18일에는 그가 각별한 애정을 보였지만 별다른 재능은 없었던 제자 아돌프 구트만의 음악회도 있었다. 간신히 정상을 찾아가던 쇼팽은 5월 3일 아버지 미코와이의 부음을 받고 결정적인 위기를 맞이했다. 1835년 8월, 칼스바트에서 만나 약 한 달간 함께 지낸 이후 만나지 못한 부자는 편지에서도 그다지 살가운 모습이 아니었지만, 그럼에도 아들의 상심은 무척 컸다.

깊은 슬픔 속에 입을 닫은 채 한참을 지내던 쇼팽은 1844년 6월부터는 설상가상으로 심한 치통에 시달리기까지 했다. 때마침 쇼팽의 어머니 유스티나로부터 아들을 잘 돌보아 준 것에 대한 감사 편지를 받은 상드는, 쇼팽의 누나인 루드비카 부부를 프랑스에 초청하는 아이디어를 냈다. 그리하여 7월 15일 루드비카와 바르샤바에서 교수로 일하던 남편 칼라산티 예르제예비츠가 파리에 도착했다. 노앙에서 한숨에 달려온 쇼팽의 기쁨이 어떠했을지 상상하기는 어렵지 않다. 그는 누나와 매형을 데리고 파리의 곳곳을 함께 다니며

쇼팽이 말년에 살았던 스쿠아르도를레앙

오페라 가수 폴랭 비아르도, 피아니스트 프리드리히 칼크브레너, 조각가 앙투앙 로랑 당탱 등
유명 예술가들이 많이 살았던 아파트 단지인 스쿠아르도를레앙은 쇼팽이 파리에서 일곱 번
째로 살았던 곳이다. 중앙 공원을 중심으로 상드 가족은 5번지에, 쇼팽은 9번지에 방을 빌렸
으며, 1842년부터 1849년까지 이곳에서 지냈다.

관광을 시켜 주었다. 7월 26일, 상드를 만나기 위해 노앙으로 돌아온 쇼팽은 8월 9일에 노앙으로 내려온 누나 부부와 다시 만나 8월 말까지 즐거운 시간을 보냈다.

오랜만의 가족 상봉에서 발견되는 특이점은 두 가지였다. 폴란드에서 온 부부가 파리를 방문했을 때, 쇼팽은 기쁜 마음으로 매형인 칼라산티를 파리에서 활동 중인 폴란드인들과 만나게 해 주었다. 칼라산티는, 저명한 음악가로 전 유럽에서 명성을 날리던 처남을 무척 부러워했다. 파리에서 만난 쇼팽의 지인들과 넓은 인맥에 기가 눌린 그가 처남을 질투하고 미워하게 되었다는 사실은 짚고 넘어가야 할 대목이다.

두 번째는 그해 8월에 이루어진 상드와 루드비카의 만남이다. 루드비카가 순박하고 단순한 폴란드 중년 여성일 것이라 생각한 상드의 예상은 빗나갔다. 사려 깊은 우아함을 갖춘 루드비카의 인성에 상드는 놀라움을 표시했다. 예민하고 편협한 성향의 남동생보다 이해심이 넓고 현명한 루드비카를 상드는 처음부터 마음에 들어했고, 루드비카 역시 상드에게 호감을 가졌다. 동생 쇼팽이 좀 더 건강하게 오래 활동했더라면, 그리고 상드와의 관계가 오래 지속되었더라면 루드비카와 상드의 우정도 더욱 깊어질 수 있었으리라 생각한다.

행복한 시간은 순식간에 지나가고 누나 부부는 9월 초에 고향으로 돌아갔다. 9월 2일, 쇼팽은 떠나는 누나를 위해 프랑숌과 함께 작은 음악회를 열었다. 이틀 뒤 노앙으로 돌아온 그는 누나가 남기고 간 흔적을 더듬으며 가곡 〈아름다운 청년〉의 초고를 폴란드로 보냈다. 애틋한 그리움과 향수가 마주르카 리듬에 담긴 이 노래는, 1844년 가을에 만든 〈피아노소나타 제3번 b단조, Op. 58〉과 함께 반드시 기억해야 할 쇼팽의 작지만 소중한 추억이다.

10

파국

환희의 불꽃

놀랍게도 상드가 쇼팽을 바라보는 관점은 연애 기간을 통틀어 크게 달라진 부분이 보이지 않는다. 여성으로서 쇼팽의 남성성에 압도당하거나 하는 일은 당연히 별로 많지 않았고, 늘 자주 아프고 예민한 남동생이나 까탈스러운 예술가(상드 자신보다 더 훌륭하다고 느끼는)를 보살핀다는 심정으로 살았던 것은 주지의 사실이다. 들라크루아에게 보낸 상드의 편지를 보면 측은한 감정과 다소의 빈정거림이 연인을 향한 애교 어린 시선과 함께 들어 있다.

쇼팽은 새로운 작품을 쓰려고 준비하고 있어요. 늘 그렇듯 그의 습관을 유지하면서요. 바로 자신은 하찮고 한심한 작품밖에 만들지 못한다는 중얼거림이죠. 이런 이야기를 굉장히 확신에 찬 어조로 한다는 것이 참 재미있어요.

— 1844년 11월 12일, 상드가 들라크루아에게 보낸 편지 중

입 밖으로 내놓는 말이 무엇이든 이 시기는 쇼팽이 자신의 생애 중 가장 당당하고 자신감 넘치며, 여유와 품격이 동시에 느껴지는 작품을 쏟아 내던 시기였다. 육체적 빈약함이나 고통을 넘어서 영혼 속 가장 깊은 곳에서 나오는 우렁찬 울림을 표현하는 데 성공했던 것이다. 그 환희의 외침은 쇼팽의 것이기에 더욱 특별하며 밝다.

1843년 여름에 출판한 〈스케르초 제4번 E장조, Op. 54〉가 그 당당한 승리감의 본격적인 시작이라고 할 수 있다. 어두운 농담의 분위기를 지닌 네 곡의 스케르초 가운데 마지막 작품인 이 대곡은 여러 면에서 특별하다. 심연에 엎드린 채 움직이는 위험한 충동, 그 공격적인 폭발 등을 직간접적으로 암시한 앞의 세 곡에 비해 마지막 스케르초인 이 곡은 자연스러운 희열과 낙천적인 행복감이 두드러진다. 쇼팽이 즐겨 사용하던 전통적인 3부 형식에 트리오(중간부)가 확대되어 화려함과 복잡성을 더하며, 느긋하게 움직이는 멜로디보다 아기자기한 화성 변화와 예민한 리듬감이 작품을 진행시키는 에너지의 중요한 아이디어가 된다. 기교적으로도 세심하게 다듬어진 음상의 빠른 나열이 요구되는 등 매우 어려운 곡이나, 그보다 트리오에서 등장하는 센티멘털의 강한 표출이 연주의 성패를 좌우한다. 교묘하면서도 극적으로 이루어지는 트리오에서 주부로의 전환이 쇼팽의 완숙함이 그려 내는 작품의 하이라이트다.

누나 루드비카와의 기쁜 재회와 이별과 허탈한 마음을 추스르며 완성한 〈피아노소나타 제3번 b단조, Op. 58〉이 그의 작품 중 가장 장대한 구성과 음악적 포만감을 제공한다는 사실은 적잖은 아이러니다. 네 개의 악장은 작곡가 특유의 형식미를 풍기는 동시에 고유

〈스케르초 제4번 E장조, Op. 54〉 친필 악보

스쿠아르도를레앙에서 살 무렵의 쇼팽은 육체적 빈약함에도 불구하고 그의 생애에서 가장 여유와 품격과 자신감이 느껴지는 완숙한 작품을 쏟아 내던 시기였다. 1843년에 완성한 〈스케르초 제4번 E장조, Op. 54〉 역시 그 당당함의 분출을 보여 주는 대표적인 작품이다. 쇼팽이 쓴 총 네 개의 스케르초 중 유일하게 장조 곡인 이 작품은 풍부한 음악적 요소와 낙천적 행복감으로 가득하다.

FRÉDÉRIC CHOPIN

의 빛깔과 서로 다른 음악적 지향점을 지닌 채 '소나타'라는 느슨한 끈으로 묶여 있다.

알레그로 마에스토소의 지시어가 인상적인 1악장은 소나타 형식의 얼개 속에 자유로운 경과부와 그 실체를 이루는 피아니스틱한 음형으로 짙은 뉘앙스를 남긴다. 가벼운 호흡을 유지한 채 끊임없이 움직이는 패시지로 시작하는 2악장은 스케르초의 성격을 띠며, 중간부의 사색은 은근한 흐뭇함을 그린다. 조용하면서도 뜨거운 연인들의 대화를 연상시키는 녹턴풍의 3악장 라르고는 부드럽게 흔들리는 왼손 리듬 위에 작곡가 특유의 감상적인 선율을 노래하며, 몽환적 분위기의 트리오는 연인의 꿈과 환상을 설명하는 듯하다. 론도 형식의 4악장은 열정과 이를 유지하기 위한 힘이 멈춤 없이 요구되는 곡이다. 단순하면서도 에너지가 넘치는 1주제는 반복될수록 반주형이 복잡해지며 화려함을 더하고, 2주제는 리드미컬하면서도 반음계가 많이 쓰여 로맨틱한 격정을 뚜렷이 드러낸다.

쇼팽의 생이 얼마 남지 않았던 1846년, 여러 불행한 사건이 이어지기 시작하는 그해에 가장 '완벽한' 행복감에 넘치는 〈바르카롤(뱃노래) F샤프장조, Op. 60〉을 만들었다는 사실도 흥미롭다. 낭만 시대 수많은 피아노 작곡가들이 사용한 뱃노래의 세 박자 움직임은 기존의 8분의 6박자에서 8분의 12박자로 늘어나 더욱 잔잔해진 물의 흐름을 만들어 내면서 아마도 연인만의 공간일 듯한 작은 배의 움직임은 마음의 흐름을 따라 흔들린다. F샤프장조의 도입부에서 나타나는 1주제는 3도 화성으로 움직이며 유연함과 풍성함을 함께 강조하고, A장조의 중간부에서 등장하는 2주제는 좀 더 은유적이며 상징적인 느낌으로 배의 움직임을 그려 낸다. 중간부의 마지막에 등장하는 보조 주제는 사랑의 즐거움과 그 환희를 자연스레 나타내는데, 그 느낌은 하이라이트에서 당당하게 반복되어 작품 전체의 구도를 거대하게 바꾸어 놓는다.

균열의 시작

불행의 느낌은 그 실체가 다가오기 직전이 더욱 강한 법이다. 1846년은 음악 속의 쇼팽과 현실의 프레데리크 간의 괴리감이 절정에 달했던 시기다. 지금껏 작곡가의 고독은 음악 안에서만 존재했지만, 이제는 악보 속으로 숨기기가 불가능할 정도의 외로움이 그를 에워싸기 시작했다. 고통의 시작은 현실과 매우 가까운 가상의 이야기, 즉 상드의 소설이었다.

자신의 고향인 베리 지방을 배경으로 한 자전적 이야기가 중심인 상드의 소설에서 쇼팽과 흡사한 캐릭터가 등장하는 것 자체는 이상할 것이 없었다. 이별을 예상하거나 각오한 사람처럼 부정적인 이미지로 늘어놓은 연인의 이야기를 읽은 주변의 지인들은 당황함을 넘어서 공포심마저 느꼈다. 문제가 된 작품인 『루크레치아 플로리아니』 직전 소설인 『마의 늪』을 쇼팽에게 헌정하고 초고를 폴란드에 있는 루드비카에게 보내기까지 했기에 상드의 태도 변화는 갑작스러운 것이었다.

『루크레치아 플로리아니』의 여주인공 루크레치아는 한때 최고의 여배우였다가 은퇴한 인물로, 이탈리아 북부 지방의 호숫가에서 살고 있다. 그녀를 찾아 온 카롤 드 로스발트 공은 매우 섬세하면서도 예민하고 언제나 침착과 냉소적인 자세를 유지하는 인물이다. 두 사람은 열정적인 사랑에 빠지지만, 안타깝게도 그 결말은 파국이었다. 루크레치아는 카롤 공의 '애인의 머리카락 한 올도 건드리지 않고 가슴을 찢어 놓는 섬세함'과 '더할 나위 없이 예의 바르고 신중한 냉담함'을 견디지 못하고 병에 걸려 죽고 만다.

1846년 초에 작업하기 시작해 6월 25일부터 한 달간 『쿠리에 프랑세』에 연재한 이 소설은 첫 회가 나온 직후부터 파리 사람들에게 화제가 되었다. 예전부터 자신이 겪은 이야기를 토대로 이리저리 각색한 작품이 많았지만 이번 작품은 상드 자신이 주인공임이 분명했고, 무엇보다 카롤 공의 성격이나 외모 역시 쇼팽을 정확히 묘사하고 있었다. 검은 머리에 작은 키, 통통한 체형을 가진 루크레치아와 여섯 살 연하의 병약한 카롤 공을 다른 사람으로 의심한다는 것 자체가 불가능했다.

출간을 앞두고 상드는 노앙에서 작품을 낭독하기까지 했는데, 그녀가 작품을 읽어 내려가는 동안 초대받아 쇼팽과 한자리에 앉아 있던 들라크루아와 그르지마와 등은 등골이 오싹해지는 것을 느꼈다. 연인에 대해 그토록 저주에 가까운 비난을 늘어놓다니! 모임이 끝난 뒤 들라크루아는 즉시 쇼팽의 눈치를 살폈으나, 놀랍게도 그는 자신과 전혀 상관없는 이야기를 들은 듯 아무렇지도 않은 표정이었다.

세상 사람들은 그냥 넘어가지 않았다. 하이네는 "저자는 전통에 얽매이지 않은 탁월한 글솜씨로 쓴 혐오스러운 소설에서 내 친구 쇼팽을 욕보이고 있다"라며 비난했다. 쇼팽의 진심은 나중에야 전해졌다. '살아 있는 루크레치아'와의 관계가 모두 끝난 1848년 11월 그르지마와에게 보낸 편지에서 쇼팽은 카롤 공이 자신을 가리키는 것을 알고 있었다고 말한다. "내가 루크레치아를 저주할 수 있었다면 좋지 않았을까?"

상드의 입장에서 마치 영혼을 갉아먹히는 듯 피로감을 주던 '힘든' 사람 쇼팽과의 관계가, 단지 두 사람의 변심만으로 끝나지 않았다는 사실은 오히려 개운하지 않은 뒷맛을 남긴다. 상드의 개인사와 집안 문제가 불거지고, 가족과 친구 사이 어정쩡한 위치에 있던 쇼팽이 직간접적으로 그 일에 얽히면서 비극은 본격적으로 시작되었다.

솔랑주의 결혼

갈등의 직접적인 원인 제공자는 상드의 딸 솔랑주였다. 1828년에 태어난 그녀의 결혼 전 이름은 솔랑주 뒤드방이었다. 하지만 그녀는 사실 뒤드방 남작의 핏줄이 아니었다. 상드가 스물세 살에 만나 잠시 사귀었던 어린 시절 친구 스테판 아자송 드 그랑사뉴의 딸이었던 솔랑주는 여러 가지 이유로 어린 시절부터 상드의 눈 밖에 났다. 그리하여 상드가 여러 남자들과 염문을 뿌리는 동안 어린 소녀는 파리의 기숙학교에서 살아야 했다.

종잡을 수 없는 상드의 모성애가 발동한 것은 솔랑주의 나이 아

홉 살 때다. 상드는 어린 소녀를 기숙학교와 아버지 뒤드방 남작의
영향력에서 벗어나 자신의 곁에 있게 만들었다. 그렇다고 모녀의
사이가 좋아진 것을 아니었다. 쇼팽이 나타나기 전까지 솔랑주와
상드의 관계는 자신에게 약간의 관심이라도 보여 주기를 바라는 딸
의 일방적인 바람으로 채워졌다.

쇼팽이 특별히 이타적인 성격은 아니었지만 엄마에게 부당하게
미움을 받는 솔랑주에게 연민의 감정을 느낀 것은 당연했다. 자연
히 두 사람의 사이는 가까워졌다. 그렇다고 새아버지나 삼촌으로
인정받기에는 어정쩡했던 병약한 음악가의 집안 내 위치가 솔랑주
때문에 더 확실해지지는 않았다.

솔랑주의 오빠 모리스는 쇼팽을 싫어했다. 뒤드방 남작의 진짜
아들인 그를 검색해 보면 작가이자 화가인 동시에 곤충학자로 나온
다. 뒤드방의 유일한 아들이었지만 이성 문제와 소심한 성격 때문
에 자신의 분야에서 주목할 만한 자취를 남기지는 못했다. 엄마의
관심을 한 몸에 받던 모리스가 쇼팽에게 가진 반감은 어찌 보면 자
연스러운 일이었다. 한때는 들라크루아에게 배우기도 했고, 자신이
지닌 재능을 총동원해 쇼팽에게 맞서 보려는 욕심을 품었지만 헛일
이었다. 반면 쇼팽에게는 모리스를 미워할 특별한 이유가 없었다.
그저 예술적 취향이나 소소한 일상에서 나타나는 성격의 차이(식성
에 이르기까지)가 쌓이고 쌓여 심각한 지경에 이르렀다고 보는 편이
좋을 듯하다.

1845년 9월, 모리스가 데려온 여성은 상드의 가정에 작은 바람
을 불러일으켰다. 티틴이라는 별명으로 불린 오귀스틴 마리 브로는

쇼팽과 상드의 이별에 직접적 단초가 된 솔랑주

솔랑주는 상드가 혼외정사로 낳은 자식으로, 상드는 어떤 이유에서인지 딸을 유독 싫어했고 쇼팽은 그런 솔랑주에 대해 깊은 연민을 가지고 있었다. 그런데 솔랑주가 결혼하면서 상드와 솔랑주 부부 간에 재산을 둘러싼 다툼이 일어났는데, 이때 쇼팽은 상드가 아닌 솔랑주의 편을 들었다. 이에 딸과 연인에게 버림받았다고 여긴 상드는 노발대발하며 약 9년 동안 함께한 쇼팽과의 관계를 완전히 끝내고 말았다.

상드의 사촌인 조제프 브로의 딸로, 솔랑주보다 네 살 위였다. 졸지에 딸 하나를 더 키우게 된 상드의 태도는 예상 밖이었다. 친딸인 솔랑주보다 티틴을 더 예뻐하지는 않았지만, 상류사회의 행동 방식이나 말투를 모르는 티틴에게 훈계를 좋아하는 특유의 성격과 페미니스트로서의 사명감을 발휘해 적지 않은 관심과 애정을 보인 것이었다. 솔랑주의 분노는 질투가 섞이며 점점 커져 갔다.

『루크레치아 플로리아니』가 사교계 전체를 흔들어 놓을 무렵이던 1846년 6월 말경, 스스로 넓고 자애롭다고 여기던 상드의 쇼팽을 향한 '측은지심'이 무너지는 일이 생겼다. 쇼팽과 모리스 사이에 사소한 말싸움이 있었는데, 상드가 엄마의 입장을 더 내세워 모리스의 편을 들었던 것이다. 7월 21일, 로지에르에게 보낸 편지에서 상드는 단호하게 말했다. "마침내 그의 얼굴 앞에서 내 진심을 드러낼 용기를 가질 수 있었어."

이 시기 모리스는 티틴과 한창 연애 중이었고, 티틴뿐만 아니라 집안사람들이 모두 보기 싫었던 솔랑주가 시골 출신의 소심한 남자 페르낭 드 프레오와 서둘러 약혼했다는 사실은 쇼팽과 상드 집안이 처한 운명이 완전히 새로운 국면으로 접어들었다는 신호였다. 솔랑주와 같은 베리 지방 출신의 시골 귀족인 페르낭은 숫기 없고 도시 생활에 적응하는 데도 애를 먹고 있었지만 쇼팽에게 솔랑주 집안에 대해 이것저것 물어보는 등 나름대로 노력을 기울였다. 쇼팽도 스쿠아르도를레앙의 레슨실에서 틈나는 대로 그를 도와주려는 모습을 보였다.

문제는 페르낭과의 혼사가 제대로 진행되지 못하다 결국 끝나 버리면서 시작되었다. 1847년 초부터는 솔랑주의 새로운 남자인 조각가 오귀스트 클레생제르가 집안을 드나들었다. 브장송 출신으로, 한때 기병대에서 근무하기도 한 호남형의 클레생제르는 상드의 흉상을 만들어 주면서 인연을 맺었는데, 솔랑주는 물론이고 어머니인 상드까지도 그의 매력에 빠지고 말았다. 여자 문제가 복잡하고 술고래에 도박 빚도 상당하다는 사실을 모녀도 모두 알고 있었지만, 예술가가 응당 지녀야 할 멋진 '그늘' 정도로만 치부했다. 상황은 매우 빠르게 진행되어 4월 초부터 솔랑주는 클레생제르의 작업실에 혼자 드나들게 되었고, 페르낭과의 혼사는 자연스럽게 없던 일이 되었다. 급기야 솔랑주는 클레생제르의 아이를 갖게 되어 결혼을 서둘러야 되는 지경에 이르렀다.

4월 13일, 노앙의 집은 예기치 않았던 남자의 방문으로 술렁였다. 클레생제르가 전격적으로 솔랑주에게 청혼하기 위해 들이닥친 것이었다. 불도저처럼 밀어붙이는 구혼자의 자세에 천하의 상드도 무너질 수밖에 없었다. 사랑에 빠진 두 사람이 사흘 동안 먹고 자지도 않고 흥분에 빠져 있을 때, 상드는 이 사건에 적지 않은 우려와 반대를 표할 또 한 사람의 가족을 떠올렸다. 그녀의 자세는 확고해서 쇼팽이 아니라 누구라도 이 결혼에 부정적인 의견을 내는 사람이 있다면 그냥 넘어가지 않을 생각이었다.

소란스러운 프로포즈가 끝난 뒤 상드는 파리에 있는 쇼팽과 모리스에게 편지를 보냈는데, 내용은 전혀 달랐다. 쇼팽에게는 클레생제르에 대한 이야기 자체를 하지 않고 다음 달 파리를 방문하는 사실만 썼고, 모리스에게는 누이동생의 결혼 준비를 위한 절차에 대해 소상히 설명했다. 쇼팽에 대한 생각을 다시 한 번 확인하는 것도 잊지 않았다. "결혼은 쇼팽과는 관련 없는 일이야. 일단 루비콘강을 건넌 뒤에는 '만약'이나 '그러나' 같은 말은 백해무익할 뿐이지."

쇼팽은 솔랑주의 갑작스러운 결혼 소식을 5월 4일 프랑스의 한 신문을 통해 알게 되었다. 이틀 전 갑작스러운 기침 발작으로 잠깐이지만 위중한 상태에 이르렀던 터라 어차피 결혼식에 초대받더라도 가지 못했으리라는 생각을 하며 소외감을 지우려 애썼다. 상드의 가정에서 완전히 따돌림을 당한 느낌이 분명했지만 쇼팽은 가까스로 정신을 차려 솔랑주에게 앞으로의 일과 가정에 하느님의 도움이 있기를 바란다는 축하 편지를 보냈다. 파리 화단에서 평판이 좋지 못한 클레생제르를 쇼팽이 좋아할 리 없었다. 두 사람의 결혼 전 이미 누나 루드비카에게 보낸 편지 속에도 그 걱정이 담겨 있었다. "딱한 일이지. 상드 부인은 결혼 후 사위의 그 어마어마한 빚을 갚아 주어야 할 거야."

1847년 5월 19일, 노앙에서 있었던 솔랑주와 클레생제르의 결혼식은 쇼팽은 물론이고 파리에 거주하던 상드의 지인 누구도 초대되지 않은 채 조용히 치러졌다. 참석자는 뒤드방 남작을 비롯한 상드 부인의 가족과 베리 지역에 살고 있던 친척들뿐이었다.

모든 것은 시간이 해결해 줄 거예요

결혼식 직후부터 클레생제르는 장모의 재산에 본격적으로 욕심을 드러내기 시작했다. 약속받은 지참금 문제부터 시작해 오귀스틴의 혼사에까지 관여하기 시작했다. 클레생제르는 자신의 동료이자 모리스와도 아는 사이였던 바르비종파의 화가 테오도르 루소를 오귀스틴의 짝으로 소개했다. 좋은 사윗감을 소개하면 상드 부인이 자신에게 신세진 것처럼 느끼게 되어 돈 문제에서도 조금 더 부드러워질 것으로 생각했지만 결과는 그의 예상 밖이었다.

솔랑주의 결혼 지참금으로 상드가 준비한 것은 파리에 있는 건물 오텔드나르본이었다. 이 건물은 저당이 잡힌 상태였는데, 상드는 부부에게 오히려 이편이 낫다고 생각했다. 낭비가 심한 두 사람이 건물을 한꺼번에 팔 수 없으니 더 좋다는 계산이었는데, 클레생제르의 속셈은 달랐다. 빚쟁이들의 협박을 하루가 멀다 하고 받고 있었던 그는 놀랍게도 노앙의 집을 담보로 돈을 구해 오텔드나르본의 저당을 해소하려는 계획을 세운 것이었다. 상드 부인이 이를 무리한 요구라며 거부하자 클레생제르의 고민은 더욱 커졌다.

솔랑주 역시 충격적인 사실을 알게 되었다. 자신들과 달리 오귀스틴은 결혼 지참금을 현금으로 받게 된다는 소식이었다. 참을 수 없는 질투가 차오른 솔랑주와 클레생제르는 모리스와 오귀스틴이 은밀히 부정한 일을 저질렀다는 소문을 만들어 상드 부인에게 일러바쳤고, 루소와 오귀스틴의 결혼은 없던 일이 되고 말았다.

솔랑주 부부와 상드 부인, 모리스의 갈등이 절정에 오른 사건은 안팎으로 어지러운 사정이 넘쳐난 결과였다. 궁지에 몰린 부채 문제를 장모에게 호소하려고 6월 말 노앙을 찾아 머물고 있던 부부는 7월 11일에 작은 일에서부터 사사건건 의견 대립을 하던 오귀스틴,

은근히 클레생제르를 업신여기던 모리스 등과 유치한 몸싸움을 벌였다. 술에 취한 채 주먹을 휘두르다 도끼까지 꺼내 주변을 위협하던 클레생제르를 말리기 위해 상드 부인까지 나섰으나, 클레생제르는 장모에게까지 주먹을 날려 쓰러뜨렸다. 보다 못한 모리스는 총을 갖고 나와 클레생제르를 쏘려고 했고, 하인들에 의해 가까스로 사태가 수습된 뒤 솔랑주와 클레생제르는 다시 돌아오지 않겠다는 각오로 깊은 밤 노앙을 나섰다. 자칫하면 생명이 오갈 수 있었던 위험한 순간이었다.

노앙 근교의 마을인 라샤트르에 도착한 솔랑주는 이 상황에서 유일하게 자신의 편이 되어 줄 단 한 사람, 쇼팽에게 편지를 썼다. 건강 상태가 좋지 못한 임신 초기의 자신이 승합마차에 타고 파리까지 여행한다는 것은 불가능하다고 판단한 그녀는 쇼팽에게 그의 마차를 빌려 달라고 부탁했다. 황당한 싸움의 전말을 알지 못한 쇼팽은 기꺼이 자신의 마차를 내어 주었다. 그리고 이 사실에 대해 상드에게도 편지를 보냈는데, 이것을 읽은 상드는 머리끝까지 화가 치밀었다. 심한 스트레스와 마음의 상처를 입은 연인의 심경은 전혀 헤아리지 못한 채 솔랑주의 편을 들은 쇼팽이 상드는 한없이 원망스러웠다.

분노에 찬 훈계조의 편지가 몇 차례 오고 갔고, 쇼팽은 이번 사건에 대해 시간이 지나면 누그러질 가족 간 싸움이라고 애써 축소해서 생각했다. 그녀가 보낸 격한 어조의 편지를 절친 들라크루아에게 직접 읽어 주었다는 사실이 쇼팽의 생각을 대변해 준다. 그녀의 편지는 남아 있지 않지만 다행히 들라크루아가 메모해 둔 일기 속에 그 분위기가 전해진다.

편지의 내용이 지독한 것이었다는 사실은 인정해야 한다. 냉소적인 정열과 오랫동안 묵혀 오던 인내심의 폭발이 노골적으로 드러나는 순간이었다.

— 1847년 7월 20일, 들라크루아의 일기 중

가족과 남 사이의 선을 지키며 차분한 어조를 유지했던 쇼팽이지만 편지에서는 짐짓 책망하는 투였다. 당신은 모성애가 많은 엄마로서, 결국은 솔랑주를 사랑할 수밖에 없다, 지금은 화가 많이 난 상태이지만 결국 딸을 용서할 것이라고 하면서 클레생제르와의 혼인에 대해 상드의 책임도 어느 정도 있음을 넌지시 암시하는 것도 잊지 않았다.

마음이 떠난 연인이 하는 말은 상드에게 한 마디 한 마디가 가시처럼 와 박혔다. 평소에는 늘 자기중심적인 쇼팽이 이제 와서 자신의 가정사를 다 안다는 듯 감 놔라 배 놔라 하는 모습도 결코 용서할 수 없었다. 그녀의 마지막 편지는 7월 28일에 쓴 것이었다.

내 자궁으로 낳아 젖을 먹여 키운 자식과 원수가 되느니 그 아이에게 보내는 당신의 충성심을 지켜보는 편이 좋겠어요. 당신의 방식대로 그 아이를 잘 돌보시기를. 안녕히 계세요, 나의 친구! 지난 9년간에 걸친 특별한 우정이 이렇게 기괴하게 끝났다는 사실에 대해 신에게 감사해야겠군요. 가끔 안부나 전해 주세요.

— 1847년 7월 28일, 상드가 쇼팽에게 쓴 편지 중

쇼팽이 세상을 떠난 뒤 상드는 모리스를 시켜 쇼팽의 유품 가운데 편지와 메모 대부분을 없애 버렸다. 반면 쇼팽은 그녀에게 받은 첫 편지부터 시작해 거의 모든 기록을 고이 보관해 놓고 있었다. 우리가 역사상 유명한 예술가 커플이었던 두 사람 사이의 미묘한 감정과 예술적 교감을 더듬어 볼 수 있게 된 것은 상드가 아닌 쇼팽이 간직해 온 편지들 덕분이다. 겉으로만 그런 것이겠지만 쇼팽의 자세와 감정은 흔들리지 않았고 내내 평온했다. 상드가 마지막 편지를 쓰기 닷새 전 쇼팽의 어조는 차분하고 한결같았으며, 기나긴 연애의 끝을 맞이한 남자의 마음은 어디에도 드러나 있지 않았다. "모든 것은 시간이 해결해 줄 거예요. 난 기다리고 있을 것입니다. 언제나처럼."

파리 몽소공원에 있는 쇼팽과 상드의 기념물

1836년, 마리 다구 백작 부인의 살롱에서 서로 처음 만나 9년간 연인 관계로 지냈고 1847년에 결별하기까지 쇼팽은 여섯 살 연상인 상드의 모성애적 보살핌 속에서 완숙한 음악을 쏟아 냈다. 쇼팽은 상드와 함께한 세월을 '9년 동안의 정리된 생애'라고, 상드는 '9년 동안 쌓아 온 우리만의 우정'이라고 표현했다. 상드에게 쇼팽은 수많은 연인들 중 하나였지만, 쇼팽은 상드가 처음 보낸 쪽지를 죽을 때까지 가지고 다니며 그녀를 존중했다.

다시 태어난 쇼팽

이 땅에 39년간 짧게 머물다 간 쇼팽의 삶이 전달하는 유독 강한 공허함은 그가 남긴 자취 때문이다. 그는 작곡과 연주를 겸하면서 많은 학생들도 가르쳤는데, 비교적 성실하게 가르쳤음에도 교육자로서의 면모는 별로 알려져 있지 않다. 자신의 스타일과 잘 맞는 제자들을 많이 만나지 못한 점, 건강 문제로 꾸준히 이어지지 못한 레슨 시간, 그리고 경제적인 문제로 학생의 재능과 관계없이 부유한 귀족층을 더 많이 가르쳐야 했던 속사정도 한몫했다.

쇼팽의 제자 중 가장 뛰어난 인물은 열다섯 살의 나이로 요절한 카를 필치였다. 트란실바니아 출신의 필치는 1841년부터 쇼팽에게 배웠는데, 자신의 작품을 단지 느낌만으로 해석해 내는 소년의 연주를 듣고 쇼팽은 눈물을 보이기까지 했다. 필치가 자신의 영혼과 맞닿아 있다고 생각한 쇼팽은 〈피아노협주곡 제1번 e단조, Op. 11〉을 그에게 연습시켰고, 1843년 1월 20일 로스차일드 남작의 살롱 음악회에 신인 음악가의 모습을 당당히 알렸다. 그 연주회에서 쇼팽은 협주곡의 관현악 부분을 맡아 피아노로 연주했다. 신동은 파리, 런던, 빈 등에서 연주 여행을 하며 큰 화제를 모았으나, 안타깝게도 베네치아에서 폐결핵으로 세상을 떠났다.

쇼팽이 가르친 재능 있는 제자들 대부분이 필치처럼 일찍 사망해 아쉬움을 남겼다. 다행히도 제자들 중 훌륭한 학생을 배출해 낸 인물들은 몇 명 있다. 파리 태생의 조르주 마티아스는 칼크브레너를 거쳐 쇼팽에게 배웠으며, 1862년부터 파리음악원에서 학생들을 가르쳤다. 그가 길러 낸 음악가들의 면면은 꽤 다채롭다. 피아니스트로는 테레사 카레뇨, 이시도르 필리프, 라울 푸뇨 등이 있다. 작곡가 에릭 사티와 폴 뒤카도 그를 사사했다.

폴란드 출신의 카롤 미쿨리는 쇼팽 악보 최초의 편집자 중 하나로서도 기억되어야 하는 중요한 인물이다. 쇼팽의 실질적인 조교 역할을 맡기도 한 미쿨리는 작곡가의 교수법에 대한 소중한 증언을 남겼다. 그의 제자들 중에는 20세기 폴란드 피아니즘의 아버지라고 할 수 있는 알렉산드르 미할로프스키와, 최고의 기교를 지닌 모리츠 로젠탈 등이 있다. 미할로프스키는 누구도 범접할 수 없었던 폴란드풍 쇼팽 해석의 권위자로서, 쇼팽국제피아노콩쿠르의 창시자인 주라블레프를 비롯하여 20세기 초반 러시아의 피아니스트들에게도 많은 영향을 끼쳤다. 로젠탈은 리스트에게도 배웠으며, 역사상 가장 정확하고 힘 있는 기교를 구사한 피아니스트로 불린다. 그가 남긴 쇼팽의 〈피아노협주곡 제1번

쇼팽의 제자인 카롤 미쿨리.

e단조, Op. 11〉 녹음은 쇼팽의 직계 혈통의 피아니즘을 체험할 수 있는 자료다.

쇼팽의 오리지널리티는 후대 음악인들이 가질 만한 호기심을 원천부터 차단하는 특성이 있지만, 그럼에도 흥미로운 작품들이 계속 만들어지고 있다. 쇼팽의 피아니즘에 대해 기능적인 면으로는 더 이상 발전의 가능성을 찾을 수 없을 정도로 만들어 놓은 시리즈가 폴란드의 작곡가 레오폴드 고도프스키가 만든 〈쇼팽 에튀드에 대한 쉰세 개의 에튀드〉다. 최고의 기교를 가진 피아니스트이고 대위법 음악의 강력한 신봉자이던 고도프스키는 조국의 위대한 선배가 남겨 놓은 스물일곱 개의 에튀드(작품 번호 없는 세 곡 포함)를 자유롭게 편곡하고 가필해 열 개의 손가락이 연주할 수 있는, 최고치의 기교를 요구하는 새로운 에튀드를 창조해 냈다. 왼손을 위한 에튀드가 스물두 곡이나 되는 것도 특별하며, 교묘한 대위법을 통해 두 곡의 에튀드를 섞어 놓은 작품까지 있다. 지독히도 어려운 이 작품을 소화해 낼 수 있는 피아니스트는 아직도 극소수로, 쇼팽의 에튀드로 만들어 낼 수 있는 매우 진지하고 창의적인 연구라 할 수 있다.

쇼팽의 멜로디 가운데 변주곡의 주제를 삼기에 적합한 작품은 역시 짧으면서도 강한 임팩트를 가진 프렐류드다. 러시아의 작곡가 라흐마니노프가 작곡한 〈쇼팽 주제에 의한 변주곡, Op. 22〉는 쇼팽의 〈프렐류드 제20번 c단조〉를 주제로 택했다. 모두 스물두 개의 변주로 구성된 이 곡은 라흐마니노프가 작곡가와 피아니스트로서 최고의 전성기를 달리던 1903년에 완성된 것이다. 변주들은 분위기에 따라 네 파트 정도로 다시 나뉘며, 특유의 환상곡풍의 전개와 풍성한 음향, 거대한 스케일이 느껴진다.

이탈리아의 피아니스트 겸 작곡가인 페루치오 부조니가 만든 변주곡과 푸가 역시 쇼팽의 〈프렐류드 제20번 c단조〉를 주제로 삼은 것이다. 1884년부터 이듬해까지 쓴 〈쇼팽 c단조 프렐류드에 의한 자유 형식의 변주곡과 푸가〉는 비르투오소 피아니스트이자 자신의 피아노 작품에 철학적 요소를 부여하려 노력한 열아홉 살 음악가의 야심이 들어가 있다. 후반부에 푸가를 배치한 구성은 브람스의 유명한 〈헨델 주제에 의한 변주곡〉에서 받은 영향으로 보인다. 작품의 미숙함을 뒤늦게 느낀 부조니는 1922년과 1925년 대대적인 개작을 했고, 현재 우리가 들을 수 있는 대부분의 연주는 마지막으로 개정한 버전이다.

스페인의 에릭 사티라 불리는 페데리코 몸푸(우).

쇼팽의 사랑스러운 〈프렐류드 제7번 A장조〉를 주제로 해서 만든 곡도 있다. 카탈루니아 출신의 작곡가 페데리코 몸푸의 〈쇼팽 주제에 의한 변주곡〉이 그것이다. '스페인의 에릭 사티'라고도 불리는 몸푸는 어린 시절 경험한 다양한 종소리에 대한 영향으로 명상적이고 몽환적인 작품을 만들었다. 1938년에 최초로 구성한 이 변주곡은 처음에는 동향의 명첼리스트 가스파르 카사도를 위해 구상했으며, 세 개의 변주로 꾸몄다. 이후 이 작품은 런던로얄발레에서 배경음악으로 의뢰받아 더 큰 규모로 확대했으며, 1957년에 모두 열두 개의 변주곡으로 완성했다. 하지만 이 곡을 발레음악으로 쓴 공연은 결국 이루어지지 않았고, 몸푸의 이 개성적인 변주곡은 피아노 독주곡으로 남았다. 작품의 분위기는 신비로움과 로맨틱한 정서가 공존하며, 왈츠와 마주르카 등 쇼팽에 대한 직접적인 존경심이 담긴 변주도 등장한다.

발레곡으로 쓰인 쇼팽의 작품은 러시아의 알렉산더 글라주노프가 오케스트라용으로 편곡한 〈쇼피니아나, Op. 46〉이 가장 유명하다. 이 모음곡은 1893년 12월에 초연되었는데, 이후 1907년에 마린스키극장에서, 1909년 파리 샤틀레극장에서 발레 음악으로 탈바꿈했다. 공연 당시 이름을 따서 이 곡을 〈르 실피드〉라고도 부른다. 여기서 오케스트라 작품으로 들을 수 있는 곡은 다섯 개인데, 〈폴로네즈 제3번 A장조, Op. 40-1〉, 〈녹턴 제4번 F장조, Op. 15-1〉, 〈마주르카 제32번 c샤프단조, Op. 50-3〉, 〈왈츠 제7번 c샤프단조, Op. 64-2〉, 〈타란텔라, Op. 43〉이 그것이다.

흥겨운 재즈 리듬으로 다시 태어난 쇼팽의 작품도 있다. 벨기에 출신의 재즈 피아니스트 겸 작곡가 루이 클레망 두세는 리스트의 제자인 아르투르 드 그리프를 사사했다. 1920년대 뉴욕에서 활동한 뒤 파리의 유명한 카바레 클럽 '지붕 위의 소'에서 피아니스트 장 비너와 함께 듀오로 활약하며 모리스 슈발리에, 에디트 피아프 등과 교류했다. 그가 만든 경쾌한 분위기의 춤곡 〈쇼피나타〉는 쇼팽에 대한 존경심이 듬뿍 묻어난다. 〈쇼피나타〉에서 쇼팽의 작품 중 두세가 선택한 곡은 〈왈츠 제7번 c샤프단조, Op. 64-2〉, 〈폴로네즈 제3번 A장조, Op. 40-1 '군대'〉, 〈즉흥 환상곡 c샤프단조, Op. 66〉 등이다.

11

FRÉDÉRIC CHOPIN

맺지 못한
마주르카

파리에서 연 마지막 음악회

바르샤바에 있는 쇼팽국립박물관의 꼭대기 층 한쪽 구석의 분위기는 화려하고 오밀조밀하게 꾸며진 다른 방들과는 분위기가 다르다. 검은 바탕에 "1849년 10월 17일"이라고 크게 쓰여 있는 모니터를 두고 뒤쪽으로 돌아가 보면 사방이 온통 검은 벽에 둘러싸인 쇼팽의 마지막 유품들이 보인다. 사면의 벽을 천천히 돌아 이윽고 쇼팽의 데드마스크 앞에 선 손님들은 머리 위의 문구를 의미심장하게 바라보게 된다. *Chopin is no more.*

1847년, 쇼팽은 7년 만에 파리에서 여름을 보내며 작품들을 쓰는 데 힘을 기울였다. 여름의 파리는 낯선 느낌보다는 그의 표현대로 지루했다. 이 무렵에 쓴 중요한 작품은 세 곡으로 이루어진 〈왈츠, Op. 64〉다. 각기 다른 사람들에게 헌정한 이 세 곡은 〈마주르카, Op. 63〉, 〈첼로소나타 g단조, Op. 65〉와 함께 그의 생전에 마지막으로 출판한 작품이 되었다.

늦가을부터 새로운 제자들도 몇 명 생겼다. 상트페테르부르크에서 온 열네 살의 소녀 마리아 하르데르, 마리아 로바우드, 탈베르크에게서 배우다 쇼팽에게 온 알자스 출신의 조제프 시프마허 등이 있었고, 앙리 페루는 공식적으로 쇼팽의 마지막 제자가 되었다. 바르샤바에서 온 마리아 칼레지스 백작 부인은 매력적인 외모로 파리 사교계에서 큰 인기를 끌었는데, 음악적 재능도 상당해 성공적인 연주회를 이끌었다는 기록이 남아 있다.

기존의 제자들 중에는 제인 윌헬미나 스털링이 쇼팽의 마지막까지 함께한 인물로 중요하다. 스코틀랜드 던블레인 출신으로, 대대로 영주 집안에서 태어나 매우 부유했고, 부모님이 일찍 돌아가시는 바람에 큰 재산을 물려받은 여성이었다. 쇼팽과는 1842년부터 알고 지냈다. 스털링에 대한 기록이 처음 등장하는 것은 1844년경으로, 쇼팽은 그녀에게 두 개의 곡으로 이루어진 〈녹턴, Op. 55〉를 헌정하며 감사를 표했다. 예전부터 선생을 짝사랑한 스털링은 쇼팽과 상드의 결별 이후 쇼팽의 개인 비서이자 매니저 같은 역할을 수행하면서 병약한 음악가를 물심양면으로 도왔다. 뛰어난 미모의 소유자였던 스털링은 무려 서른 명이 넘는 구혼자를 물리치고 '쇼팽의 미망인'이라는 별명이 붙을 정도로 마지막 순간까지 그를 따랐다. 공교롭게도 스털링은 1804년 7월 생으로, 상드와 같은 해 같은 달에 태어난 동갑내기였다.

주변의 귀족들과 예술계 지인들의 정성 어린 보살핌이 있었음에도 쇼팽의 심신은 빠르게 시들어 가고 있었다. 작곡 활동도 눈에 띄게 줄어든 상황이라 평소 돈을 모아 두고 아끼는 편이 아니었던 그는 점차 생활고에도 시달리게 되었다. 1848년 2월, 파리에서 열린 음악회는 그의 형편을 걱정하던 친구들이 기획한 것이었다. 쇼팽이 루드비카에게 보낸 편지에는 이 음악회에 대한 그의 은근한 기대가 담겨 있다.

> 나로 말하자면 최선을 다하고 있어. 플레옐, 레오, 페르티스, 알브레히트가 음악회를 제안했지. 2월 16일, 플레옐홀에서 연주회를 할 거야. 30프랑씩 300장만 팔았지. 아름다운 파리 사교계 사람들이 올 것 같아. 왕이 열 장, 왕비도 열장, 오를레앙 공작이 열 장, 몽팡세 공작이 열 장 샀대. 아마 아무도 오지는 않겠지만.
>
> — 1848년 2월 10일, 쇼팽이 루드비카에게 보낸 편지 중

음악회를 앞두고 결벽증에 가까울 정도로 예민해지는 쇼팽의 성격을 감안해 주최 측에서는 포스터를 비롯한 홍보 활동을 전혀 하지 않는데도 객석은 매진이었다. 팬들에게는 다음을 기약할 수 없는 6년 만의 독주회가 그곳에서 열린 것만으로도 영원히 기억될 순간이었을 것이다.

1848년 2월 16일 저녁 8시 30분, 파리 로셰슈아르가 20번지에 자리한 플레옐홀에서 열린 음악회는 모차르트의 〈피아노삼중주 제4번 E장조, K. 542〉로 시작되었다. 쇼팽의 독주로는 전반부에서 녹턴, 〈바르카롤(뱃노래) F샤프장조, Op. 60〉, 에튀드, 자장가가, 후반부에는 프렐류드, 마주르카, 왈츠 등이 연주되었다. 모차르트의 〈피아노삼중주 제4번 E장조, K. 542〉를 연주한 첼로 주자는 프랑숌이

말년의 쇼팽

상드와 헤어진 뒤 쇼팽의 심신과 경제적 상황은 빠르게 나빠지기 시작했다. 이에 그의 처지를 염려한 친구들이 연주회를 주선했다. 1848년 2월 16일, 플레옐홀에서 6년 만에 열린 그의 독주회는 완전히 매진되며 큰 성공을 거두었다. 피아니스트로서 그가 파리에서 마지막으로 선 무대였다. 이 사진은 쇼팽의 마지막 해의 모습이다.

었고, 바이올린은 그와 함께 파리음악원 교수로 일하던 장 델핀 알라르가 맡았다. 두 명의 성악가도 찬조 출연을 했다. 안토니아 몰리나 디 멘디와 귀스타브 이폴리트 로제르가 마이어베어의 오페라 〈악마 로베르〉에 나오는 아리아 등을 노래했다.

파리에서 연 마지막 음악회에서 쇼팽의 독주 외에 주목할 만한 레퍼토리로는 프랑솜과 함께 연주한 〈첼로소나타 g단조, Op. 65〉라 할 수 있다. 1845년 가을부터 작곡하기 시작해 무려 1년가량의 시간을 두고 다듬은 이 작품은 작곡가의 원숙미를 가장 잘 나타낸 곡 중 하나인 동시에 좋아하는 친구인 프랑솜의 기량을 뽐내기에도 충분한 걸작이다.

1악장 알레그로 모데라토는 변화무쌍한 악상이 자유롭게 얽혀 들어가는 소나타 형식을 하고 있다. 독창적인 악상과 재현부에서의 자유로운 상상력 등은 비슷한 시기에 착상한 〈피아노소나타 제3번 b단조, Op. 58〉을 연상하게 하지만 화성의 대담한 사용 등은 전작을 능가한다. 리드미컬한 주제를 첼로가 연주하면서 시작하는 2악장 스케르초에서는 율동감과 별개로 전곡을 감도는 센티멘털함이 또 다른 매력을 선사한다. 녹턴풍의 3악장은 라르고(매우 느리게)로 연주되는데, 사색적인 동시에 달콤한 첼로의 멜로디가 미련을 남기듯 무거운 발걸음으로 이어진다. 두 부분으로 나뉜 특이한 구성의 소나타 형식을 취한 4악장 알레그로는 분주한 셋잇단음표로 첼로를 이끄는 피아노가 주인공으로 부각된다. G장조로 바뀌는 종결부에서는 두 악기가 주거니 받거니 타이트한 악상 전개로 듣는 이들을 흥분시킨다. 2월 16일 플레옐홀에서 선보인 연주가 공식적 초연으로 기록되는데, 쇼팽 자신이 1악장은 청중에게 곡을 충분히 이해시키기 어렵다는 이유로 제외했고 나머지 세 악장만 연주했다. 어쩌면 쇼팽의 체력적인 이유로 1악장을 연주하기 힘들었을지도 모른다.

많은 이들의 예상대로 이날의 음악회는 큰 성공을 거두었고 3월 10일경에 다시 한 번 음악회를 열자는 이야기까지 나왔으나, 그 계획은 불가항력적인 사건에 의해 취소되었다. 파리는 이른바 2월혁명으로 기록되는 일련의 사건으로 아수라장이 되었고, 모든 문화예술계 인사들은 피난을 떠나가나 개점휴업 상태를 맞이했다.

소용돌이의 한복판에서

시위는 1830년의 7월혁명으로 정권을 잡은 루이 필리프의 정책이 1840년대 이후 대다수의 국민을 억압하는 쪽으로 기울자 자연스레 터져 나왔다. 1830년 부르봉왕조를 축출한 세력은 부르주아였으나, 고작 3퍼센트 정도의 국민들만 갖는 참정권에 대한 강한 불만이 제기되었고, 전문직 종사자들과 노동자들에 대한 차별도 심해져 갔다. 결국 1848년 2월, 학생과 노동자와 공화주의자 들로 이루어진 반정부 세력은 은행가, 교수, 법률가 등에게만 부여된 투표권을 되찾아 오는 동시에 경제, 정치의 온전한 개혁을 요구하며 일어났다.

우연히 일어난 오발 사고가 대규모 유혈 사태로 번지기까지의 시간은 그리 많이 걸리지 않았다. 분노한 혁명 세력이 루이 필리프를 왕위에서 끌어내리며 일단락되는 듯하던 난리는 사유재산 문제를 둘러싸고 부르주아 시민과 사회주의자들 간의 갈등으로 재점화되었다. 그리하여 그해 6월에 다시 한 번 무력시위가 일어났고, 군대에 진압당한 노동자들이 무려 1400명 이상 숨지는 비극이 발생하고 말았다. 마침내 1848년 12월, 공화국의 대통령으로 나중에 나폴레옹 3세가 되는 루이 나폴레옹이 선출되면서 프랑스는 두 번째 제정 시기로 접어들었다.

상드는 혁명이 일어나자 공화주의자들의 편에 서서 이른바 '새로운 질서'를 수립하는 데 찬동했다. 소용돌이의 중심에 놓인 파리에서 쇼팽과 상드, 두 사람이 결별 이후 우연히 마주친 시기가 3월 초였다는 사실은 묘한 아이러니다.

2월 28일에 솔랑주가 딸을 출산했고, 3월 3일에 쇼팽은 솔랑주에게 축하의 편지를 보냈다. "내게는 너의 딸이 태어난 것이 공화국의 탄생보다 더 기쁘구나. 모든 사람들이 서로 뭉쳐 다니고, 많은 이들이 국가 경비대에 들어가 있어." 바로 그 다음 날, 마를리아니 부인의 집에 들른 쇼팽은 계단 한켠에서 상드와 마주쳤다. 서로 어색하게 안부를 물은 뒤 쇼팽은 상드가 몰랐던 소식, 즉 솔랑주가 출산했고 상드가 할머니가 되었다는 사실을 건넸다. 상드는 쇼팽에게 엉뚱하게도 크라쿠프에서 일어난 시위에 대해 물었고, 왜 그곳에 가지 않느냐고 했다. 그것이 두 사람의 마지막 만남이었다. 슬프게도 두 사람이 만났을 때는 솔랑주의 아기가 이미 이 세상 사람이 아니었을 것이다. 닷새밖에 살지 못한 어린 생명의 죽음에 대해 쇼팽이 전해 들은 것은 3월 9일 클레생제르의 작업실에 들렀을 때다.

연인으로서의 관계는 완전히 끝났지만, 상드는 심각한 건강 문제가 있는 전 애인의 안부에 대해 관심을 가지고 있었다. 모리스에게 보낸 편지에서도 쇼팽에 대해 언급했다.

> 오늘 솔랑주를 만났다. 기분은 좋아 보이는데 점점 못생겨지고 있어. 쇼팽은 내일 떠난다고 하네.
>
> ─ 1848년 4월 19일, 상드가 모리스에게 보낸 편지 중

영국으로 가다

1848년 4월 19일, 쇼팽은 생애 두 번째로 영국해협을 건너 다음 날 런던에 도착했다. 이전에는 1837년 7월에 플레엘과 함께 런던에서 3주간 체류한 적이 있었다. 당시 쇼팽은 보진스카와의 혼담이 깨지고 자포자기의 심정으로 바다를 건넜다. 흥미로운 점은 파리를 근거지로 활동하던 폴란드인 쇼팽의 최종 목적지가 줄곧 런던이었다는 사실이다. 1830년 11월, 쇼팽이 바르샤바를 떠난 직후 일어난 시민 봉기 이후 복잡한 동맹 관계에 있던 러시아와 합스부르크 왕가는 빈에 머무르고 있던 폴란드인들에게 곱지 못한 시선을 보냈다. 상황이 좋지 않게 돌아가는 것을 알게 된 쇼팽이 파리로 떠나려고 하자 러시아는 속국인 폴란드의 국민인 쇼팽에게 여권을 내주지 않았다. 결국 그는 파리를 거쳐 런던에 가려 한다고 러시아대사관

을 속임으로써 파리에 갈 수 있었다. 쇼팽은 서류상으로 파리를 18년간 경유한 셈이었다. 일생 두 번째로 여행의 최종 목적지에 도착한 것은 안타깝게도 몸과 마음이 모두 정상으로 돌아오기 힘든 상황이 된 뒤였다.

영국에 도착하자 누구보다 그를 반긴 것은 스털링과 그녀의 언니인 캐서린 어스킨 부인이었다. 두 사람은 힘겹게 긴 여행길에 나선 쇼팽을 지나치다 싶을 정도로 정성껏 보살펴 주었다. 도착한 지 일주일 뒤 쇼팽은 피카딜리광장 외곽 도버가에 있는 아파트에 거처를 마련했다. 온통 호화로운 가구와 함께 세 대의 피아노가 그를 기다리고 있었다. 플레엘 피아노와 임대한 에라르 피아노 외에 쇼팽의 첫 번째 여행 당시 전속 협찬을 약속받은 브로드우드 피아노도 자리했다.

두 자매의 도움으로 쇼팽은 피곤한 가운데 많은 사람들을 만났다. 폴란드인으로는 시인인 스타니스와프 코즈미안, 폴란드우호협회 서기인 카롤 슐체프스키 등이 있었다. 또한 빅토리아 여왕부터 소설가 찰스 디킨스, 레이디 바이런(바이런의 부인) 등과도 교분을 쌓았다. 영어를 하지 못하는 데서 오는 불편함은 체류 내내 쇼팽에게 영향을 끼쳤다. "레이디 바이런은 매우 친절했지만, 우리가 말하는 것은 새끼 돼지와 거위의 대화였다. 그녀는 영어로, 나는 프랑스어로 말했는데, 그 와중에도 바이런이 왜 그녀를 따분해했는지 이해할 수 있었다."

쇼팽의 흥미를 끄는 사람도 있었는데, 대표적으로 스웨덴 출신의 소프라노 제니 린드를 들 수 있다. 5월 4일, 그녀가 노래한 빈첸초

쇼팽이 영국에 체류할 때 머물렀던 집

1848년 4월, 쇼팽은 2월혁명의 소용돌이 속에서 영국과 스코틀랜드 연주 여행길에 올랐다. 그의 제자 중 한 명인 제인 스털링과 그녀의 언니인 캐서린 어스킨 부인이 쇼팽을 정성껏 챙겨 주었다. 런던에서 쇼팽은 스털링 자매의 주선으로 빅토리아 여왕을 비롯하여 찰스 디킨스, 바이런의 부인 등 많은 사람들과 교분을 쌓았으며, 왕과 귀족들의 파티에서 연주도 했다. 하지만 어딘지 불편하고 뒤숭숭했고, 결국 그의 건강도 더욱 빠르게 악화되어 갔다.

벨리니의 오페라 〈몽유병에 걸린 여인〉을 관람하고 쇼팽은 그 놀라운 음악성에 감탄해마지 않았다. "진정한 스웨덴인으로, 평범한 빛을 내는 것이 아니라 마치 북극성과 같은 광채를 지녔다. 우리 두 사람은 슬라브적이라는 면에서 어딘가 공통점이 있다."

실제로 린드는 쇼팽의 작품을 노래하며 알리는 역할을 훌륭히 수행한 비아르도보다 더 높은 인기를 누렸다. 런던에 도착하자마자 쇼팽은 건강 문제와 리허설 횟수 부족 등을 이유로 권위 있는 필하모니협회의 초청 연주를 거절했다. 주변 사람들은 할레와 칼크브레너 등 파리에서 피신 와 있던 대부분의 음악가들이 원하는 수준 높은 음악회를 단번에 거절한 쇼팽을 보면서 모두 의아해했다. 그래도 여왕 앞에서는 연주했다. 5월 15일, 쇼팽은 서덜랜드 공작이 주최한 행사에 참가해 마주르카와 왈츠를 연주했으며, 피아니스트 율리우스 베네딕트와 함께 모차르트의 변주곡을 두 대의 피아노로 선보였다. 빅토리아 여왕도 두 차례나 쇼팽과 환담하면서 호감을 표했다.

소수의 정예 청중만 참석하는 음악회가 경제적으로는 더 큰 도움을 주었다. 6월 23일, 이튼플레이스에 있는 성악가 애들레이드 사르토리스의 집에서 열린 음악회는 150명의 귀족들 앞에서 열렸다. 쇼팽은 마주르카, 왈츠, 에튀드, 자장가를 연주했고, 테너 주세페 마리오와도 함께 연주했다. 7월 7일, 세인트제임스광장에 있는 팔머스 경의 집에서 열린 연주회도 이와 비슷했다. 쇼팽은 그의 소품들과 함께 〈스케르초 제2번 b플랫단조, Op. 31〉, 발라드 한 곡과 왈츠를 무대에 올렸다. 특별히 이날은 비아르도도 무대에 올라 마주르카 중 몇 곡에 프랑스어 가사를 붙여 노래했다.

이 시간이 빨리 끝나기만을 바라

그러나 어딘지 불편하고 피곤하며 뒤숭숭한 나날이 계속되었다. 그르지마와에게 보낸 편지에는 꽤 깊은 절망과 냉소가 흐른다.

> 내 신경은 온통 소란스러워. 내가 알지도 못하는 사이에 취소된 연
> 주 요청들 때문에 고통 받고 있지. 도대체 어떻게 살아야 하는 것일
> 까? 슬픔이나 기쁨 등의 모든 감정이 고갈되고, 그저 단조로운 생
> 활 속에서 이 시간이 빨리 끝나기만을 바라고 있어.
> ─ 1848년 7월 15일과 7월 18일, 쇼팽이 그르지마와에게 보낸 편지 중

쇼팽의 고독감은 영국 귀족 사회의 휴가가 시작되는 7월이 되면서 더욱 깊어져 갔다. 기분 전환을 포함한 여러 가지 목적으로 스털링은 자신의 형부 토피첸 경의 거처인 콜더하우스로 가자고 권유했다. 쇼팽은 이를 위해 8월 5일에 무려 열두 시간의 기차 여행 끝에 스코틀랜드에 도착했다. 그는 이곳에서 콜더하우스와 폴란드인 리친스키 박사의 가족이 있는 에든버러의 집에 머물렀다. 스코틀랜드의 수도 에든버러와 콜더하우스는 쇼팽에게 많은 감명을 주었다. 그는 인간이 상상할 수 있는 가장 아름다운 경치를 콜더하우스에 있는 자신의 방에서 구경할 수 있다고는 했다. 하지만 그의 심리는

쇼팽의 마지막까지 함께한 여인 제인 스털링

스코틀랜드 출신으로, 일찍이 많은 재산을 물려받은 스털링은 쇼팽과 1842년부터 알고 지냈다. 쇼팽과 상드와 헤어진 이후 그 빈 자리를 채워 주며 마지막까지 함께했다. 쇼팽을 사랑했지만 끝내 그의 사랑을 얻지는 못했다. 쇼팽은 〈녹턴, Op. 55〉를 스털링에게 헌정했다.

가벼워진 주머니 사정 이상으로 불안한 상태였다.

8월 28일, 맨체스터에서 열린 대규모의 음악회는 잠시나마 경제적인 숨통을 트일 수 있게 해 준 자리였다. 쇼팽은 성악가들의 반주까지 맡아 모두 세 차례나 무대에 올랐으며, 녹턴, 자장가, 마주르카, 〈발라드 제2번 F장조, Op. 38〉, 왈츠 등을 연주했다. 쇠약해진 상태의 쇼팽에게 에너지가 넘치는 퍼포먼스를 기대하는 것은 무리였다. 9월 9일자 『뮤지컬 월드』에는 날카로우면서도 정확한 평이 실렸다.

쇼팽은 최고의 피날레를 장식했다. 그의 섬세함과 표현력은 결코 잊을 수 없는 것이었다. 비록 레오폴드 드 마이어의 힘도, 탈베르크의 활력도, 헤르츠의 저돌적인 움직임도 찾아볼 수 없었지만, 쇼팽은 위대한 피아니스트임이 분명하며, 누구나 진정한 영혼의 환희를 그의 피아니즘에서 찾을 수 있었을 것이다.

— 1848년 9월 9일, 『뮤지컬 월드』에 실린 평 중

스털링과 어스킨 부인의 과도한 친절과 상대방을 오히려 불편하게 만드는 배려 때문이기도 했지만, 예민해진 가운데 올라오는 짜증과 불평불만을 쏟아 놓을 상대가 별로 없다는 사실도 쇼팽을 외롭게 만들었다. 그르지마와에게 털어놓은 고민은 차라리 우스꽝스럽게 들린다.

몸이 점점 약해지고 있어. 작곡을 할 수도 없고 욕구도 사라지는 것 같아. 몸이 안 좋아서이기도 하지만, 우리의 친절한 두 스코틀랜드

숙녀들이 나를 이런저런 가족들에게 소개하는 자리로 데리고 다니지만 않아도 좀 괜찮아질 듯해. 좋은 뜻으로 매우 정중히 방문을 권유하니 거절할 수도 없어. 여기 있자니 폴란드어는 잊어버릴 지경이야. 프랑스어는 영어처럼 말하고, 영어는 스코틀랜드 사람처럼 말하고 있으니 어느 순간 다섯 개 국어 정도는 금방 익히는 날이 올 것 같아. 아침이면(이곳 사람들에게는 보통 오후 2시까지야) 나는 아무짝에도 쓸모없는 사람이 되기 위해 옷을 갖추어 입지. 저녁 식사 시간에는 짜증이 부풀어 오르는 것을 겨우 참으면서 그들이 하는 이야기를 지켜보고 무엇을 마시고 있는지에 대한 이야기도 들어. 지겨워서 죽을 지경이 될 때쯤이면 응접실로 자리를 옮겨 그들의 이야기를 조금 더 듣다가 충실한 하인 다니엘이 나를 침실로 데려다줘. 내 옷을 벗기고 침대에 눕혀 주면 그제야 조금 편히 숨을 쉬면서 잠을 청하지. 오늘과 똑같은 내일 아침이 될 때까지.

— 1848년 10월 1일, 쇼팽이 그르지마와에게 보낸 편지 중

10월에도 에든버러에 있는 호프툰홀에서 음악회가 열렸다. 많은 사람이 오지도, 큰 화제가 되지도 않았지만 이번에는 그가 거의 혼자 음악회를 이끌었다는 점이 특별했다. 대곡으로는 〈안단테 스피아나토〉와 〈발라드 제2번 F장조, Op. 38〉, 그 밖에도 에튀드, 프렐류드, 녹턴, 마주르카, 왈츠 등의 소품을 연주했다. 음악회를 기획한 스털링은 쇼팽의 건강을 걱정하면서도 끊임없이 아픈 사람을 여행시켰다. 케어하우스, 스털링성, 해밀튼궁전 등 여러 곳을 함께 동행하는 두 사람에 대해 연인 관계라고 오해하는 시선도 생겨났다. 예

상대로 쇼팽의 생각은 단호했는데, 그르지마와에게 털어놓은 생각이 진심에 가깝다.

> 결혼한 경험이 없는 제인은 나와 너무 똑같은 점이 많아서 친구 이상은 될 수 없어. 게다가 난 누구와도 결혼하지 않을 생각이야. 돈이 별로 없어서 결혼 생활을 하는 데 문제가 많을 것이고, 게다가 누가 나 같은 환자를 원하겠나. 지금은 그보다 고향 생각, 가족 생각뿐이야. 옛날 기억은 많이 사라지고 생각나도 금방 없어져 버리고는 해.
> ─ 1848년 10월 30일, 쇼팽이 그르지마와에게 보낸 편지 중

이 편지를 쓴 다음 날인 10월 31일, 우울감을 이겨 낼 수 없는 지경에 이른 쇼팽은 런던으로 돌아와 버렸다. 오자마자 병석에 누운 쇼팽을 거의 매일 방문해 준 사람은 같은 폴란드인인 마르첼리나 차르토리스카 공주였다. 쇼팽은 9월 27일 글래스고에서 열린 음악회에 참석해 준 것을 포함하여 지속적으로 자신을 돌보아 준 사실에 대해 깊은 감사의 마음을 표했다.

겨우 몸을 추스른 쇼팽이 출연한 다음 음악회는 11월 16일 길드 홀에서 열린 폴란드문인협회 주최의 무도회와 연주 행사였다. 11월 봉기에 참전한 동포들을 위한 연주였는데, 음악회 자체는 크게 주목받지 못했지만 쇼팽에게는 중요한 의미가 있는 날이었다. 스스로 시인 코즈미안에게 "이날이 내가 대중 앞에 서는 마지막"이라고 언급했기 때문인데, 정말 자신의 경력을 끝내려고 했는지에 대해서는

알려져 있지 않다. 일주일 뒤인 11월 23일, 쇼팽은 바다를 건너 프랑스 땅을 다시 밟았다.

꺼져 가는 희망

쇼팽과 같은 유명인의 움직임이 사교계에 사사건건 알려지는 것은 그다지 이상한 일이 아니었지만, 옛 연인에 대한 상드 부인의 관심은 이해하기 힘든 구석이 없지 않다. 1848년 12월 8일, 그녀는 비아르도에게 영국에서 쇼팽을 만났느냐는 편지를 띄웠고, 일주일 뒤 비아르도는 쇼팽이 돌아왔으며 건강 상태는 몹시 나쁘고 스코틀랜드의 안개가 그를 더 아프게 만들었다는 답장을 했다. 연말이 되어 비아르도는 상드에게 다시 한 번 쇼팽의 소식을 전했다.

그는 당신에 대해 말할 때 언제나 깊은 존경심을 담아서 이야기합니다. 그런 태도가 한 번도 바뀐 일이 없다는 사실을 분명히 증명할 수 있습니다.

— 1848년 12월 15일, 비아르도가 상드에게 보낸 편지 중

이듬해 1849년 봄에 보낸 편지에는 안타까운 절망감이 배어 있다.

쇼팽에 대한 소식을 물으셨죠. 그의 건강은 점점 안 좋아지고 있어요. 견딜 만한 날은 마차를 타고 외출도 하지만 이제 저녁에는 나가

지 못해요. 안 좋은 날은 각혈을 하고 숨이 막힐 정도로 기침을 합니다. 그래도 몇 명에게 피아노 레슨을 해주고 있고 몸이 괜찮은 날은 나름 즐거운 기분으로 지내는 듯합니다.

— 1849년 봄, 비아르도가 상드에게 보낸 편지 중

정신이 없는 와중에도 쇼팽이 챙기고 싶어 한 사람은 솔랑주 부부였다. 1849년 5월, 솔랑주가 또다시 딸을 출산했음에도 불구하고 부부 사이는 점점 악화일로였고, 클레생제르는 제대로 된 일을 찾지 못해 힘들어하고 있었다. 그래도 적극적으로 사람들을 만나고 다니려 노력하는 모습과 자신을 몇 차례 방문해 부탁한 내용이 마음에 걸린 쇼팽은 제자의 어머니였던 러시아 출신의 나탈리아 오브레스코프 공주에게 클레생제르의 일거리를 부탁했다.

오브레스코프 공주는 쇼팽의 말년에 경제적으로 많은 도움을 준 인물로, 당시 그가 살고 있던 스쿠아르도를레앙의 습기 찬 1층 방에서 거처를 옮기도록 해 주기도 했다. 5월 말에 쇼팽은 샤요가 74번지의 3층으로 거처를 옮겼다. 과거에는 파리 근교의 한적한 곳이었던 이 건물의 3층은 파리의 명소를 모두 내려다볼 수 있는 아름다운 경관과 편안함을 제공했다. 당사자에게는 비밀로 하고 꽤 비싼 집세의 절반은 오브레스코프 공주가 부담했다.

파리는 너무 덥고 먼지와 쓰레기투성이야. 아기는 틀림없이 웃고, 소리 지르고 침 흘리며 돌아다니겠지? 말타기도 가르칠 거니?

— 1849년 7월 4일, 쇼팽이 솔랑주에게 보낸 편지 중

쇼팽이 마지막으로 머물렀던 방돔광장

영국에서 돌아온 뒤 병이 더욱 깊어진 쇼팽은 스쿠아르도를레앙에서 샤요가 74번지로 옮겼다가 죽기 두 달 전에 햇볕이 잘 드는 방돔광장 12번지 2층으로 다시 이사했다. 쇼팽은 1849년 10월 17일 새벽 2시경에 이곳에서 서른아홉 살의 이른 나이로 최후를 맞이했다.

쇼팽은 솔랑주에게 보낸 편지를 통해 꺼져 가는 자신의 생명에 대한 안타까움을 전했다. 그렇지 않아도 어지러운 파리에는 전염병이 돌기 시작했다. 무서운 콜레라는 칼크브레너를 포함한 많은 사람들의 목숨을 빼앗았다. 죽음에 대한 공포가 더욱 깊어졌다.

믿음직한 친구 들라크루아는 자신의 건강도 그리 좋지 않으면서도 쇼팽을 자주 찾아 대화를 나누었다. 대화 중에는 음악의 논리에 대한 것과 그 논리를 지키기 위한 화성법과 대위법을 개성적으로 사용한 작곡가들(모차르트, 베토벤) 등 예술에 대한 깊이 있는 이야기도 오갔다.

샤요가로 옮긴 뒤 쇼팽을 자주 찾아온 인물 중에는 폴란드 출신의 시인인 치프리안 노르비트도 있었다. 말년의 제자인 마리아 칼레르기스 부인의 소개로 가까워진 그와 쇼팽은 건강이 허락할 때마다 마차를 타고 볼로뉴 숲에서 산책을 즐겼다.

나타니엘 로칠드 부인, 차르토리스카 공주, 스털링과 어스킨 부인, 오브레스코프 공주 등이 샤요가를 자주 방문해 쇼팽을 도왔는데, 그가 진정 사랑한 여인들이 보이지 않음은 못내 안타깝다. 쇼팽의 마지막 순간을 함께한 여인 가운데 가장 중요한 인물로는 포토츠카 백작 부인을 들어야 할 것이다. 뛰어난 미모와 아름다운 소프라노 음색으로 폴란드의 망명 귀족들은 말할 것도 없고 파리의 사교계에서도 유명 인사였던 부인은 쇼팽의 제자로 인연을 맺었고, 쇼팽이 위독하다는 소식에 니스에서 단숨에 달려왔다. 부인은 쇼팽의 임종 때 노래를 부른 여인으로도 기록에 남아 있다. 들라크루아 역시 부인에 대한 인상을 여러 차례 메모로 남겼다. "나는 지금까지 그렇게 아름다운 음성을 들어 본 적이 없다."

자신의 날이 얼마 남지 않았다는 것을 진작 알아차린 쇼팽은 누구보다 보고 싶은 누나 루드비카에게 편지를 썼다. 그 편지에는 간절함과 절박함이 묻어난다.

> 올 수 있으면 꼭 와 줘. 너무 몸이 약해져서 어떤 의사도 도움이 안되지만, 누나가 오면 좋아질 것 같아. 날씨는 아주 좋고, 난 거실에 앉아서 파리의 경치에 감탄하고 있어. 다섯 개나 되는 창문으로 튈르리, 노트르담, 팡테옹, 생쉴피스 등이 모두 보이고 중간중간에 아름다운 정원도 있지. 이곳에 오면 누나도 보게 될 거야.
> — 1849년 6월 25일, 쇼팽이 루드비카에게 보낸 편지 중

편지를 받은 루드비카는 상황이 심각하다는 것을 인지하고 처음에는 어머니 유스티나를 포함하여 가족 모두가 프레데리크를 보러 갈 계획을 세웠으나, 남편인 칼라산티의 강력한 반대에 부딪혔다. 그는 파리까지 가는 여비, 유행하고 있는 콜레라, 여권 등을 내세워 여행에 반대했다. 루드비카는 처남의 모든 것을 질투하고 있던 남편의 행동에 어안이 벙벙해질 정도로 화가 났지만 마음을 억누르고 차근히 설득해 자신의 가족 세 사람, 즉 부부와 어린 딸 루드비카만 떠나기로 결정했다. 오브레스코프 공주를 비롯한 러시아 지인들의 도움으로 그들의 여권이 나온 것은 8월 초였다. 그리하여 8월 9일, 루드비카와 프레데리크가 5년 만에 재회했다. 칼라산티는 9월 초 바르샤바의 신학기가 시작되기 전 자기 혼자 폴란드로 돌아

가 버렸다.

그르지마와는 마지막 희망을 버리지 않고 많은 의사들을 불렀다. 파리의 권위 있는 의사들은 물론 바르샤바에서도 많은 의사들이 방문해 쇼팽의 상태를 점검했다. 8월 30일, 크뤼베일리에 박사는 안타깝게도 병이 너무 많이 진행되었고, 환자가 상황을 이겨 내기에는 지나치게 약하다고 했다. 실낱같은 희망이 끊어져 버리는 순간이었다.

쇼팽의 친구들이 새롭게 찾아낸 집은 방돔광장 12번지 2층에 있는, 볕이 잘 드는 아파트였다. 루드비카의 정성 어린 간호와 응원으로 발작이 없는 시간에는 여전히 맑은 정신을 유지했으나 쇼팽의 생명은 급속히 꺼져 가고 있었다. 현재는 보석 전문점 '불가리'가 자리하고 있는 이 건물로 쇼팽과 그의 세간살이 전체가 이사 온 날짜는 1849년 9월 9일이었다.

많은 여성들이 그에게 위로를 전하고자 방문했다. 늘 옆에 붙어 있는 사람들을 제외하고도 차르토리스카, 칼레르기스, 오브레스코프, 캐서린 수초(오브레스코프 공주의 딸), 샤를로트 로칠드, 로지에르 등이 그 앞에서 눈물로 애정의 말을 보탰다. 단 한 사람, 그를 끝까지 찾지 않은 사람은 상드였다.

쇼팽이 방돔광장으로 이사하기 전, 상드는 루드비카에게 편지를 보냈다.

당신이 이곳에 있다는 사실을 알게 되었습니다. 이제 진짜 쇼팽의 소식을 들을 수 있게 되었네요. 예전 저와의 기억이 퇴색되었을 것이라고 생각하지만, 지나간 일이 모두 제가 감수해야 할 일이라고는 믿지 않습니다.

— 1849년 9월 1일, 상드가 루드비카에게 보낸 편지 중

답장은 도착하지 않았다. 루드비카는 동생의 옛 연인의 생각이나 행동을 결코 이해할 수 없었던 듯하다.

마트카, 모야 비에드나 마트카

기침으로 숨이 막힐지도 모릅니다. 제발 저의 몸을 노출된 채로 놔 주십시오. 산 채로 묻히지 않게 해 주십시오.

— 1849년, 쇼팽이 죽기 전 마지막으로 남긴 메모 중

쇼팽이 마지막으로 남긴 메모는, 몇 년 전 쇼팽의 아버지 미코와이가 사망할 당시 이와 비슷한 부탁을 했다는 사실에서 더욱 의미심장해진다. 정신이 들면 쇼팽은 주변 사람들에게 여러 가지 부탁과 유언을 했다. 은둔 생활을 했지만 범상치 않은 음악성과 연주력을 쇼팽에게 인정받고 있었던 작곡가 알캉에게는 몇 페이지밖에 쓰지 못한 그의 교수법에 관한 메모를 전해 주었다. 아울러 그르지마와를 비롯한 동료들에게는 자신의 출판되지 않은 작품 모두를 불태워 달라고 했다.

괜찮은 것도 더러 있겠지만 모두 없애 주십시오. 나의 스케치들은 거기까지만 생각한 것뿐이고 그 이상 아무것도 아닙니다. 가치 없는 음악이 나의 이름으로 퍼지는 것을 원하지 않습니다.

— 1849년, 쇼팽의 유언 중

모두 알고 있듯 이 유언은 지켜지지 않았고, 그가 남긴 아주 작은 작품의 단초까지도 모두 보존되어 오늘에 이르고 있다. 유언에는 장례식에서 모차르트의 〈레퀴엠 d단조, K. 626〉을 들려 달라는 것과 자신의 몸에서 심장을 떼어 내 폴란드로 가져가 달라는 내용도 추가되었다.

환자의 마지막 고해성사를 위해 찾아온 신부는 옛 친구인 알렉산드르 예어비츠키였다. 11월 봉기에 참여했으며 저술과 출판업에 종사하기도 한 그를 오랜만에 본 쇼팽은 처음에는 당황한 빛을 보였으나 곧 영혼이 영원히 구원받을 것을 확신하고 감사의 뜻을 표했다. 천국에 대한 의심이 확신으로 바뀌는 순간이었다.

시간은 속절없이 흘러 쇼팽의 마지막 순간이 다가왔다. 10월 15일, 포토츠카 백작 부인이 니스에서 달려와 쇼팽의 침대맡에서 노래를 불러 주었다. 그녀가 부른 노래는 벨리니와 로시니의 아리아, 베네데토 마르첼로의 시편 성가, 알렉산드로 스트라델라의 찬가, 조반니 바티스타 페르골레지의 〈스타바트 마테르〉 중의 아리아, 헨델의 〈데팅겐 테 데움〉에 나오는 '존귀하신 주여'였다. 프랑숌도 첼로소나타의 첫 부분을 연주하며 친구의 고통을 달랬다.

고통스러운 발작이 하루 종일 이어졌다. 쇼팽은 말을 전혀 하지 못했고 사람도 알아보지 못하는 것 같았다. 밤 11시경에야 그는 숨을 돌릴 수 있었다. 예어비츠키 신부는 그를 떠나지 않고 있었다. 쇼팽은 말할 기운이 생기자마자 신부에게 기도문과 전례문을 낭송해 달라고 청했고, 신부는 모두가 들을 수 있도록 라틴어 기도문을 읽었다. 쇼팽은 헌신적으로 시간과 수고를 바쳐 온 구트만 씨의 어깨에 계속 고개를 기대고 있었다.

경련은 10월 17일까지 이어졌고 새벽 2시경 단말마의 고통이 시작되었다. 그의 이마가 식은땀으로 번들거렸다. 그는 잠깐 선잠이 들었다가 힘없는 소리로 물었다. "옆에 누가 있습니까? 그는 고개를 돌려 자신을 부축하고 있던 구트만 씨의 손에 입을 맞추었다. 이내 그의 영혼은 우정과 감사의 마지막 표시와 함께 제 집으로 돌아갔다.

— 리스트, 『내 친구 쇼팽』 중

쇼팽에 대한 전기를 최초로 쓴 리스트가 묘사한 그의 임종 장면이다. 현장에 있지 않았음에도 마치 그곳을 직접 경험한 것처럼 묘사가 생생하다. 그곳에 있었던 많은 이들이 쇼팽의 마지막 순간을 기억하지만 솔랑주의 증언에 따르면 쇼팽이 구트만의 품에 안겨 바라본 마지막 사람은 자신이었다고 한다. 마지막 순간까지 자신을 아끼고 보살펴 주던 사람들 사이에서 맞이한 행복한 죽음이었다.

아침이 밝았다. 클레생제르가 찾아와 쇼팽의 데드마스크를 제작했다. 마지막 순간 쇼팽의 얼굴이 찡그린 모습이었기에 석고 반죽

쇼팽이 묻혀 있는 페르 라셰즈

쇼팽이 죽고 약 2주가 지난 1849년 10월 30일, 그의 장례식이 생마들렌성당에서 거행되었다. 유언대로 그의 심장은 고국 폴란드로 보내져 바르샤바의 성십자가성당에 안치되었고, 나머지 육신은 오노레 드 발자크, 오스카 와일드, 들라크루아, 조르주 비제, 에디트 피아프 등 유명 인사들이 많이 잠들어 있는 페르 라셰즈에 묻혔다.

은 두텁게 입혀졌다. 쇼팽의 마지막 순간을 비롯해 여러 그림을 그린 화가 테오필 크비아트코프스키에 의해 두상 프로필이 제작되었고, 심장이 적출된 쇼팽의 시신은 생마들렌성당 지하 납골당으로 옮겨졌다.

쇼팽의 사망 다음 날 시인 노르비트가 폴란드에 부음을 전했다. "바르샤바에서 태어나 마음으로는 폴란드인이었고 재능으로는 세계시민이었던 프레데리크 쇼팽이 이 세상을 떠났다." 장례는 10월 30일 생마들렌성당에서 거행되었다. 무려 3000명이 초청된 자리였다. 미사 중 봉헌 의식에서 오르간으로 편곡된 쇼팽의 〈프렐류드 제4번 e단조〉와 〈프렐류드 제16번 b플랫단조〉가 연주되었고, 유언에 따라 모차르트의 〈레퀴엠 d단조, K. 626〉이 울려 퍼졌다. 조문객의 선두에는 차르토리스키 공이 섰으며, 알렉산드르 차르토리스키, 들라크루아, 프랑숌, 구트만이 관을 들었다. 그가 묻힐 페르 라셰즈 공동묘지 앞에는 오케스트라가 대기하고 있었다. 거기서 쇼팽은 자신이 작곡한 〈장송 행진곡〉을 들으며 영원한 안식에 들어갔다.

여러 가지 설이 있지만 쇼팽이 생애 마지막으로 남긴 작품은 〈마주르카 f단조, Op. 68-4〉로 알려져 있다. 편지를 띄웠지만 좀처럼 소식이 없는 누나 루드비카의 도착을 기다리며 기진맥진한 상태에서 썼을 것으로 추정되는 이 곡은, 흐느낌이 느껴지는 하행 음계와 불안한 정서를 머금고 있는 반음계 진행이 센티멘털한 정서와 결합된 악상을 보여 준다. 단순한 3부 형식인데 들을 때마다 어딘지 비어 있는 한구석에서 기력이 쇠한 작곡가가 음표를 모두 채우지 못한 채 끝나 버린 것이 아닌가 생각이 든다. 동시에 조금 더 붙잡고 싶었던 삶의 의욕을 어쩔 수 없이 놓아야 했던 쇼팽의 안타까움이 머뭇거리는 음표들 사이에 느껴지기도 한다. 떨리던 그의 손가락 끝이 차마 만들지 못했던 마지막 음표들을 그가 세상에서 남긴 마지막 말로 채워도 좋지 않을까 한다. "마트카, 모야 비에드나 마트카Matka, moja biedna matka(어머니, 불쌍한 나의 어머니)."

프레데리크 그 후

쇼팽의 영혼이 하늘로 떠난 뒤에도 세상은 계속되었다. 장례식이 끝난 이후 가장 바빴던 사람은 아마도 스털링이었을 것이다. 누나 루드비카는 동생이 쓰던 피아노를 고향에 가져가고 싶어 했으나 남편 칼라산티는 강하게 반대했다. 칼라산티는 처남이 쓰던 물건 중 어떤 것도 집에 가져오면 안 된다고 고집을 부렸고, 결국 쇼팽의 유품은 대부분 경매 형식을 통해 스털링이 사들였다. 스털링은 사랑하던 스승의 물건을 직접 소장하거나 지인들에게 나누어 주며 추억을 간직했다.

루드비카는 동생의 유언대로 그의 심장을 가지고 바르샤바로 돌아와 성십자가성당에 안치했다. 누나는 동생이 떠난 지 6년 뒤인 1855년에 사망했고, 어머니 유스티나는 1861년 여든한 살의 나이로 세상을 떠났다. 프레데리크의 여동생이자 집안의 막내인 이자벨라 비트친스키는 1881년에 사망했다.

　상드의 집안도 노앙을 중심으로 삶을 이어 나갔다. 1852년에 상드는 집을 대대적으로 보수하고 방의 구조를 바꾸는 등 아들 모리스를 위한 공간을 만들어 주기 위해 노력했다. 정치적으로는 공화파의 무자비한 정책과 프롤레타리아들을 살해하는 장면을 보고 깊이 실망했고, 이는 결국 그녀로 하여금 노앙에 눌러앉게 만들었다. 그녀의 마지막 연인은 모리스의 소개로 만나게 된 알렉상드르 망소였다. 두 사람은 망소가 1865년에 결핵으로 사망할 때까지 베르사유 근처인 팔레조에서 함께 지냈다. 1876년 5월 26일, 새로운 소설을 집필하던 상드는 갑작스러운 복통을 호소했고, 주변 사람들이 손쓸 도리도 없이 상태가 악화되어 6월 8일에 세상을 떠났다.

　솔랑주와 클레생제르는 끊임없이 불화를 겪다가 결국 1854년 12월 16일에 이혼했다. 두 사람 사이에서 태어나자마자 사망한 장 가브리엘에 이어 이듬해인 1849년에 같은 이름을 붙인 딸을 또 낳았으나 니니라는 애칭으로 불리던 이 아이도 여섯 살까지밖에 살지 못하고 성홍열로 숨졌다. 이후 솔랑주는 노앙의 집에서 나와 1873년부터 몽지브레 근교에 땅을 구입해 살았는데, 그곳은 그녀의 삼촌뻘이 되는 상드의 이복형제 이폴리트 샤티롱의 소유였다. 한곳에 정착하지 못하고 이리저리 흘러다니는 생활을 하던 솔랑주는 한때 파리의 태보가에서 문학 클럽을 운영하기도 했고 소설도 발표했다. 그녀는 1899년 파리에서 사망해 노앙의 가족 묘지에 묻혔다.

모리스는 화가로 활동하는 한편 마리오네트극장을 만들어 인형을 제작하고 무대 장치와 조명까지 다루며 열정을 쏟았다. 그는 1862년 스무 살의 리나 칼라마타와 결혼해 세 아이를 낳았다. 첫째인 아들 마크 앙투안은 한 살에 사망했지만 이후 오로르와 가브리엘 두 딸이 태어나 할머니 상드를 기쁘게 했다. 모리스는 노앙의 집에 대해 큰 애정이 없었고, 그래서 자신의 소유로 된 땅을 팔려고 시도하기도 했다. 그의 가족들은 한때 파리의 파시에 살았는데, 모리스는 거기서도 인형극을 꾸미며 인기를 끌었다. 그는 1888년 건강이 악화되었을 때야 비로소 노앙으로 돌아왔으며, 이듬해 그곳에서 사망했다.

노앙의 상속자가 된 두 딸 중 동생인 가브리엘은 이탈리아의 미술 선생님과 결혼해서 4년간 살다가 남편의 심한 질투심을 참지 못하고 도망쳤다. 파리에 살면서도 노앙에 대한 관심을 가졌던 그녀는 현재까지도 보존되고 있는 중국풍의 가구와 그림을 집 안에 들인 장본인이었다. 가브리엘이 마흔한 살이라는 젊은 나이에 숨진 뒤 노앙의 유일한 상속자로 남은 언니 오로르 뒤드방은 아흔다섯 살까지 장수했다.

노앙의 집은 제2차세계대전 당시에는 벨기에의 포로들과 레지스탕스, 영국 공군들의 피신처가 되기도 했다. 유서 깊은 역사적 장소를 기념관으로 만들려는 생각을 갖고 있던 자매의 뜻은 전쟁 후에 결실을 보았다. 1951년에 상드의 집은 프랑스의 소유가 되어 대대적인 공사가 이루어졌고, 이듬해 프랑스 문화부가 관리하는 유적지가 되어 1961년부터 관광객을 맞이하고 있다.

피아노의 시인을 만나러 가는 길

쇼팽과 관련된 사람은 매우 많지만 심지어 상드조차도 이제는 우리의 기억에서 희미해져 가는 반면, 쇼팽의 이름은 피아노 음악을 사랑하는 사람들 사이에서 앞으로도 계속해서 빛날 것이다. 오늘도 그가 묻혀 있는 페르 라셰즈에는 참배객들의 발길이 이어지고 있다.

쇼팽이 사랑했고, 그를 사랑했던 여인들의 생애는 안타깝게도 그리 행복하지 못했다. 쇼팽의 바르샤바음악원 후배이자 뛰어난 소프라노이던 콘스탄챠는 1832년에 부유한 지주이던 요제프 그라보브스키와 결혼해 네 아이를 낳았다. 하지만 얼마 지나지 않아 남편은 재정적인 위기를 맞이했고, 그녀는 시력에 문제가 생겼다. 결국 1845년에 콘스탄챠는 완전히 시력을 잃었고, 1878년에 남편이 죽은 뒤 바르샤바 남서쪽 스키에르니에비체에서 외로운 생활을 하다 1889년에 사망했다. 쇼팽과의 관계에서 쇼팽의 일방적인 짝사랑이 아니었다는 증언은 여럿 남아 있다. 콘스탄챠도 쇼팽에 대한 애정을 가지고 있었지만 그가 더 큰일을 이루어야 할 것이라는 생각에 이별을 받아들였고, 결혼 후에는 자신의 남편이 프레데리크보다 더 이상적인 사람이라고 생각했다는 후문이다. 쇼팽이 바르샤바를 떠나면서 콘스탄챠에게 준 반지는 현재 전하지 않는데, 쇼팽의 유품들을 찾아다니는 수집가들의 희망 목록 1호다.

결혼 직전까지 갔던 보진스카는 혼담이 깨진 뒤 1841년에 스카르베크 백작의 아들 얀 스카르베크와 결혼했으나 불행한 시간을 보내고 7년 만에 이혼했다. 그 후 마리아는 1848년에 전 남편의 부동산 임대인이던 브와디스와프 오르피제프스키와 재혼해 이탈리아 피렌체로 이주하고 아들을 낳았지만, 이 아이는 세 살에 사망했다. 그럼에도 그녀는 두 번째 결혼 생활을 기쁘게 받아들였고, 1881년 남편이 사망한 뒤 폴란드로 돌아와 바르샤바 서쪽에 있는 크요브카에서 조카딸과 함께 살았다. 1896년 사망할 때까지 마리아는 쇼팽과의 짧은 사랑을 기쁘게 회상했다고 알려졌다.

위에서 말한 인물들 대부분, 심지어 상드까지도 우리의 기억에서 희미해져 가지만 쇼팽의 이름은 결코 퇴색되는 일 없이 그가 남긴 피아노 작품들의 예술적 가치와 함께 빛난다. 파리에서 그를 만나는 일은 그다지 어렵지 않다. 20구에 위치한 페르라셰즈는 이 도시에서 가장 큰 공동묘지일 뿐만 아니라 유명한 위인들이 많이 잠들어 있는 곳이기도 하다. 1804년 나폴레옹 시대에 만들어진 이 아름다운 묘지에 있는 인물들을 거론하는 일은 우선순위를 정하는 것부터 어려울 정도로 방대하다. 우리가 알고 있는 프랑스의 음악가들 대부분이 이곳에서 영원한 안식을 취하고 있으며 에디트 피아프, 짐 모리슨, 미셸 페트루치아니 등 대중 음악인들의 이름도 많이 보인다.

하지만 마치 살아 있는 듯 늘 생생한 기운이 감도는 곳은 작은 언덕 중간, 좁은 오솔길에 자리 잡고 있는 쇼팽의 무덤이다. 솔랑주의 남편이던 클레생제르가 만든 조각상이 훌륭하기도 하지만 그의 무덤이 유독 돋보이는 이유는 1년 내내 끊이지 않는 참배객들의 꽃들 때문이다. 무채색으로 덮인 이 장소에 놓여 있는 붉고 흰 색깔들은 화사하면서도 소담스러운 그의 피아노 곡을 떠올리게 한다.

천재의 죽음을 슬퍼하는 천사의 조각상 앞에서 다른 이들처럼 잠시 호흡을 가다듬고 눈을 감아 본다. 그의 삶은 끊임없이 이어진 '갈망'의 연속이었다. 아무리 채워도 끝이 없었던 음악에 대한 열정, 이루지 못한 사랑의 아픔, 돌아갈 수 없었던 폴란드와 가족에 대한 그리움이 쇼팽이 떨쳐 내지 못한 갈망의 실체였으며, 육체의 한계로 인해 미완성으로 끝나 버린 그의 짧은 생 때문에 그의 갈망은 답을 찾지 못했다. 하지만 불운하고 아팠던 천재가 남긴 작품들이 지닌 영원한 생명력은 안식을 찾지 못한 채 마무리된 그의 방황이 헛되지 않았다는 사실을 증명한다. 오늘도 수많은 이들의 손끝에서 쇼팽은 다시 살아나 시가 되고 그림이 되고 이야기가 되며, 아름다움을 느끼는 사람들에게 기적이란 어떤 것인지 체험하게 만들어 준다. 지금 쇼팽은 행복할까? 그럴 것이라 믿는다.

쇼팽 예술의 키워드

01 마주르카

폴란드의 대표적인 민속 춤곡인 마주르카는 프레데리크 프랑수아 쇼팽의 인생 전체를 관통하는 화두이자, 언제든 돌아갈 수 있는 음악적 고향이었다. 크게 마주레크, 오베레크, 쿠야비아크로 나뉘는 마주르카는 강한 리듬이 들어간 춤과 어지러울 정도로 빠른 춤, 센티멘털한 느낌이 강한 서정적인 노래 등이 모두 들어 있다. 쇼팽은 마주르카를 단순한 구성 안에 특유의 세련된 피아니즘을 통해

폴란드 화가 유제프 헤우몬스키가 그린 〈오베레크〉.

품격 높은 감상용으로 탈바꿈했다. 두 번째 박자와 세 번째 박자에 강세가 붙는 독특한 리듬은 때로 마주르카를 세 박자가 아닌 네 박자의 춤으로 들리게 한다. 쇼팽의 마지막 작품도 어머니와 가족들을 그리며 만든 마주르카였다.

02 녹턴

우리말로 '야상곡'이라고 하는 녹턴은 18세기 당시에는 세레나데와 비슷한 뜻으로 쓰였으나 이는 쇼팽의 작품과는 직접적 관련이 없다. 작품이 지닌 독특한 개성이 강조되는 '성격 소품'으로서의 녹턴이 처음 만들어진 것은 아일랜드 출신의 작곡가 존 필드에 의해서였다. 필드가 몽환적이고 명상적인 분위기를 지속하는 것에 주력했다면 쇼팽은 거기에 변화무쌍한 화성 변화, 부드럽게 흐르는 반음계적인 선율과 극적인 장면 전환 등으로 음악적인 풍성함을 더했다. 녹턴은 쇼팽의 감상적 일면만 강조하지 않으며, 엄격한 절제미 속에 나타나는 환상성에 그 매력이 있다고 하겠다.

03 프렐류드

바로크 시대 이전부터 쓰인 프렐류드(전주곡)는 주로 즉흥적이고 기교적인 내용을 담은 짤막한 건반 악기 곡에서 시작되었으며, 점차 작곡가의 개성을 집약해 표현하는 소품으로 자리 잡았다. 스물네 개의 곡으로 이루어진 쇼팽의 <프렐류드, Op. 28>은 1838년 말에서 이듬해 초까지 조르주 상드와 떠난 마요르카 밀월 여행의 한가운데에서 탄생했다. 심각하게 나쁜 건강 상태와 불안정한 주변 상황, 흔들리는 심리 상태가 겹친 당시의 쇼팽은 프렐류드를 통해 찰나에 스쳐 가는 광기에 가까운 영감을 그려 냈다. 모든 조성을 순환하는 방법과 '24'라는 숫자는 그 뒤 클로드 드뷔시, 세르게이 라흐마니노프 등의 프렐류드에 결정적인 영감을 제공했다.

쇼팽의 <프렐류드, Op. 28>을 탄생시킨 마요르카섬의 발데모사.

04 상드

아망딘 오로르 뤼실 뒤팽이라는 이름으로 1804년 파리에서 태어난 상드는 네 살 때 아버지를 잃고 할머니 밑에서 성장했다. 지방의 귀족이던 카지미르 뒤드방과 결혼했지만 짧고 불행하게 끝났으며, 이후 자신이 글쓰기에 재능이 있다는 것을 알아차리고 소설가로 활동했다. 열정적인 페미니즘 신봉자로 남장을 즐기고 담배를 피우던 그녀와, 모성 본능을 강하게 불러일으키는 나약한 천재 쇼팽과의 만남과 9년간 이어진 연애는 72년을 산 소설가의 생애를 관통한 중요한 사건이었다. 대체 불가능한 두 예술가의 절묘한 조우는 19세기 중반 유럽 음악과 문학계에 적지 않은 영향을 끼쳤다.

05 노앙

프랑스 중부 베리 지방의 노앙빅에 있는 상드의 시골 집은 쇼팽과 상드의 이야기를 생생하게 전달하는 무대다. 본래 상드의 할머니가 구입해 가문의 오랜 집이 되었고, 20세기 중반부터는 프랑스국립기념관센터에서 관리하고 있다. 쇼팽이 노앙을 처음 찾은 것은 1839년 6월로, 이후 그는 일곱 번의 여름을 이곳에서 보내면서 녹턴, 즉흥곡, 마주르카, 소나타 등 주요 작품을 완성했다. 오늘날 노앙의 저택은 평화롭고 화사한 분위기의 정원과 함께 관광객들을 맞이하고 있다.

노앙에 있는 상드의 집 정원.

06 템포루바토

직역하면 '도둑맞은 시간' 이라는 뜻으로, 작곡가나 연주자가 자신의 영감이나 즉흥적인 기분으로 템포를 밀었다 당겼다 하는 연주법을 의미한다. 템포루바토는 악보에 표시된 경우도 있으나 대부분 연주자의 자의와 능력에 의해 그때그때 만들어지는 경우가 많다. 볼프강 아마데우스 모차르트와 루트비히 판 베토벤 등 고전파 작품에도 템포루바토가 들어 있으나, 피아노 곡에서 템포 루바토가 작품 해석의 핵심이 된 것은 쇼팽이 그 시작이라고 하겠다. 쇼팽은 자신의 연주에서 왼손의 박자는 정확히 지키면서 오른손의 멜로디를 자유롭게 조절하는

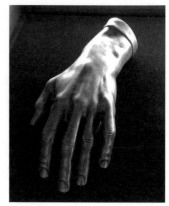

쇼팽의 왼손.

템포루바토를 구사했는데, 그 방법이 너무나 교묘하여 그의 사망 이후 '쇼팽의 템포루바토는 폴란드인만 이해할 수 있다'는 말이 돌기도 했다. 절제와 균형이 살아 있는 아름다운 템포루바토 구사는 쇼팽을 연주하는 피아니스트들의 영원한 숙제다.

07 잘

폴란드어 '잘zal' 은 '슬픔'이라고 해석할 수 있으나, 격정적인 비통함보다는 '우울함'이나 '애석함'에 가까운 단어다. 쇼팽의 음악에서 느껴지는 센티멘털함이 단순히 감상적으로만 느껴지지 않고 걷히기 힘든 우수를 지니고 있는 것은 폴란드 특유의 '잘'이 작품의 가장 깊은 바닥에 흐르고 있기 때문일 것이다. 녹턴, 폴로네즈, 마주르카 등에 녹아 있는 '잘'의 요소는 작곡가의 의식 세계를 솔직히 나타내고 있는 핵심이며, 쇼팽의 작품을 다른 작곡가들의 곡과 분명히 구분하는 특징이 되고 있다.

쇼팽 생애의 결정적 장면

1810 젤라조바볼라에서 태어나다

프레데리크 쇼팽은 폴란드의 수도 바르샤바에서 서쪽으로 약 46킬로미터 떨어진 작은 마을인 젤라조바볼라에서 프랑스 태생의 아버지와 폴란드 태생의 어머니 사이에서 둘째이자 외아들로 태어났다. 피아노의 시인으로 불리는 그의 고향을 찾아가는 길은 초행의 여행자에게는 쉽지 않지만, 생전에 허세와 과장된 칭찬을 싫어했던 그의 모습과 닮은 듯 호젓한 분위기가 마음을 끈다. 쇼팽이 젤라조바볼라에 산 것은 불과 7개월밖에 되지 않았지만 기념관으로 운영되고 있는 쇼팽의 생가는 그의 팬들에게 꼭 들러야 할 성지로 꼽히고 있다.

쇼팽 생가 주변.

1816   첫 번째 스승 아달베르트 지브니에게 피아노를 배우기 시작하다.

1817   첫 작품 〈폴로네즈 g단조〉를 작곡하다.

1821   〈폴로네즈 A플랫장조〉를 스승 지브니에게 헌정하다.

1822   바르샤바음악원의 요제프 엘스너로부터 작곡 수업을 받다.

1823   아버지가 프랑스어 교사로 일하던 바르샤바리시움에 입학하다. 여기서 상류층 자제들과 친하게 지내다.

1824 폴란드 시골 사람들의 춤과 노래에서 깊은 인상을 받다

태어나자마자 대도시 바르샤바로 이주한 쇼팽은 열네 살이 되었을 때 상류층 친구들의 시골 영지 저택를 드나들면서 처음으로 시골을 접했다. 쇼팽은 특히 시골 사람들의 춤과 노랫가락에서 깊은 인상을 받았다. 이는 말할 것도 없이 그의 평생에 걸쳐 소중한 예술적 자산이 되어 주었다. 젊은 날에 폴란드를 떠난 이후 줄곧 객지를 떠돌다가 죽었음에도 그는 고국에 대한 애착을 늘 가지고 있었고, 이는 폴로네즈나 마주르카 등에서 두드러지게 표현되었다.

폴란드의 전통 춤인 마주르카.

1826   엘스너와 부모의 권유로 바르샤바음악원에 들어가다.

1827   〈오페라 '돈조반니' 중 '자 서로 손을 잡고' 주제에 의한 변주곡, Op. 2〉, 〈피아노소나타 제1번 c단조, Op. 4〉를 작곡하다.

1828   〈연주회용 론도 '크라코비아크' F장조, Op. 14〉, 〈폴란드 민요 주제에 의한 환상곡 A장조, Op. 13〉을 작곡하다.

1829 바르샤바음악원 졸업을 앞둔 이해에 성악과 학생인 소프라노 콘스탄챠 그와트코프스카를 짝사랑하다. 빈을 방문하여 성공적인 데뷔 연주회를 하다.

1830 〈피아노협주곡 제2번 f단조, Op. 21〉에 이어 〈피아노협주곡 제1번 e단조, Op. 11〉을 작곡하다. 11월, 폴란드를 떠나 빈으로 가다. 이로써 그의 타국 생활은 사망할 때까지 계속된다.

1831 파리로 가다

4월에 빈의 레두텐잘에서 〈피아노협주곡 제1번 e단조, Op. 11〉을 연주했지만 미지근한 반응에 실망한 쇼팽은 자신의 근거지를 옮기기를 결심했다. 린츠, 잘츠부르크, 뮌헨을 거쳐 9월에 슈투트가르트에 도착했을 때 그는 바르샤바가 함락되었다는 소식을 들었다. 안타까움과 자책감, 속수무책의 심정을 안고 쇼팽이 향한 곳은 당대 유행의 최첨단을 달리고 있던 파리였다. 이곳에서 그는 파리를 이끄는 유명 인사들과 교유하는 가운데 음악가로서의 전성기를 맞이했다. 마지막으로 눈을 감은 곳도 이 도시였다.

쇼팽이 파리에 와서 처음 살았던 푸아소니에르 27번지.

1832 2월, 파리에서 첫 연주회를 하다. 12월, 프란츠 리스트와 함께 연주하다.

1833 쇼세당탱가 5번지로 이사하다.

1835 파리음악원 무대에 오름으로써 연주자로서 정점을 찍다. 칼스바트에서 가족과 5년 만에 해후하다. 드레스덴에서 친구의 여동생인 마리아 보진스카를 만나 연모하다. 〈왈츠 A플랫장조, Op. 69-1〉, 〈발라드 제1번 g단조, Op. 23〉을 작곡하다.

1836 9월, 보진스카에게 청혼하다. 10월, 조르주 상드와 처음 만나다.

1837 7월, 쇼팽의 건강 문제로 보진스카와 파혼하다.

1838 　상드와 본격적으로 사귀다

상드는 5월의 어느 저녁 아스톨프 퀴스틴 후작의 살롱에서 즉흥연주를 하는 쇼팽을 보고 자신의 연인으로 만들어야겠다고 결심했다. 한 해 전에 보진스카와 완전히 헤어진 뒤 의기소침했던 쇼팽은, 엄마 같은 모습으로 자신을 품고 보살펴 주는 상드를 연인으로 받아들였다. 파리 사교계의 공공연한 비밀이 된 두 사람의 연애는 이해 여름부터 본격적인 궤도에 올랐다. 10월에는 남들의 이목을 피해 스페인의 마요르카섬으로 도피했다. 그러나 그들의 도피 여행은 이방인에 대한 현지인들의 따가운 시선과 혹독한 겨울 앞에서 험난한 여정이 되었다. 하지만 쇼팽의 창작력은 뜨겁게 불타올라 〈프렐류드, Op. 28〉 등을 완성했다.

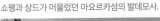
쇼팽과 상드가 머물렀던 마요르카섬의 발데모사.

1839 　2월, 발데모사를 떠나다. 마르세유에서 세 달간 체류한 뒤 이탈리아를 거쳐 6월에 상드의 집이 있는 프랑스 노앙으로 돌아오다. 3악장의 '장송 행진곡'으로 유명한 〈피아노소나타 제2번 b플랫단조, Op. 35〉와 〈즉흥곡 제2번 F샤프장조, Op. 36〉을 완성하다.

1840 　1년 내내 파리에서 머물며 피아노 레슨과 작곡을 병행하다.

1841 자신의 곡들로만 구성한 연주회를 열다

4월 26일, 쇼팽은 처음으로 자신의 곡들로만 구성한 연주회를 열어 큰 성공을 거두었다. 이날의 연주곡은 〈프렐류드, Op. 28〉 중 몇 곡과 〈마주르카, Op. 41〉, 〈스케르초 제3번 c샤프단조, Op. 39〉 등 마요르카 체류와 직접적 연관이 있는 것들로 채워졌다. 쇼팽은 눈부신 손놀림으로 이 연주회를 보기 위해 20프랑이라는 거금을 쓴 300여 명의 청중을 흔들어 놓았다. 이날의 연주회를 두고 『프랑스 뮈지칼』은 '확신을 가지고 진실된 작품을 통해 빚어내는 경쾌함과 달콤함의 피아니즘이 누구와도 비교할 수 없는 독창성을 지녔다'는 평을 내놓았다.

쇼팽이 쓰던 피아노.

1841 8월, 노앙에서 메조소프라노 폴린 비아르도를 만나다. 〈폴로네즈 제5번 f샤프단조, Op. 44〉를 완성하다.

1842 메조소프라노 비아르도, 첼리스트 오귀스트 프랑솜과 함께 파리에서 연주회를 하다. 6월, 여름에는 들라크루아가 노앙을 방문하다. 〈폴로네즈 제6번 A플랫장조, Op. 53 '영웅'〉과 〈스케르초 제4번 E장조, Op. 54〉를 완성하다. 9월, 파리 스쿠아르도를레앙으로 이사하여 쇼팽의 마지막 해인 1849년 6월까지 살다. 수족 같던 조력자 율리안 폰타나와 헤어지다. 이후 프랑솜이 쇼팽의 조력자 역할을 하다.

1843 5월, 비아르도의 딸 뤼제트가 노앙을 찾아와 쇼팽에게 큰 즐거움을 주다. 12월, Op. 12에서 Op. 54까지 프랑스와 영국을 제외한 전 세계에 걸친 판권 계약을 함으로써 쇼팽의 음악이 널리 알려지는 계기가 된다.

1844 5월, 아버지 미코와이 쇼팽이 사망하다. 7월, 누나인 루드비카 부부와 재회하다. 〈피아노소나타 제3번 b단조, Op. 58〉를 완성하다.

1846 쇼팽의 최고 걸작 〈폴로네즈 제7번 A플랫장조, Op. 61 '환상 폴로네즈'〉과 스물한 곡으로 이루어진 〈녹턴〉을 완성하다. 상드가 『루크레치아 플로리아니』를 써서 쇼팽을 욕보이다.

1847 상드와 결별하다

이해에 상드의 딸 솔랑주가 조각가 오귀스트 클레생제르와 결혼하면서 쇼팽과 상드는 돌이킬 수 없는 관계가 되고 말았다. 재산을 둘러싸고 솔랑주 부부와 상드 간에 다툼이 발생했고, 이때 쇼팽이 솔랑주 편을 들면서 약 9년간 이어진 둘의 관계는 완전히 끝나고 말았다. 딸과 연인에게서 버림받았다고 여긴 상드는 6월 28일에 보낸 편지에서 이렇게 말했다. "지난 9년간에 걸친 특별한 우정이 이렇게 기괴하게 끝났다는 사실에 대해 신에게 감사해야겠군요. 가끔 안부나 전해 주세요."

노앙의 저택 응접실.

1848 2월, 파리에서 마지막 연주회를 하다. 2월혁명이 일어나다. 4월, 영국에 도착하여 이후 영국과 스코틀랜드에서 여러 차례 연주하다. 11월, 파리로 돌아오다.

1849 9월, 방돔광장 12번지로 거처를 옮기다. 10월 17일, 서른아홉 살의 나이로 사망하다.

참고 문헌

Anne Muratori-Philip, *George Sand's House at Nohant*, Monuments Nationaux.

Frédéric François Chopin, *Letters*, Muzyka, 1976.

George Sand, *A Winter in Majorka*, Classic collection Carolina, 2016.

Irena Poniatowska, *Fryderyk Chopin Czlowiek I jego muzyka*, Multico, 2010.

Janusz Ekiert, *The Endless Search for Chopin*, Muza Sa, 2010.

Jean Yves Patte, *Les etes de Frederic Chopin a Nohant 1839~1846*, Monuments Nationaux, 2009.

Mieczyslaw Tomaszewski, *Chopin*, PWM/BOSZ, 2009.

Mieczyslaw Tomaszewski, *Chopin: The Man, His Work and Its Resonance*, The Fryderyk Chopin
    Institute, 2015.

Samuil Feinberg, *Pianism as Art*(Пианизм как Искусство), Muzyka, 1969.

Stanislaw Dybowski, *The Laureates of the Chopin competitions in Warsaw*, Selene, 2010.

고사카 유코, 『쇼팽』, 박선영 옮김, 음악세계, 2017.

로베르트 슈만, 『음악과 음악가』, 포노, 2016.

박유미, 『피아노 음악』, 음악춘추사, 2018.

브라이언 포터슈치, 『폴란드 근현대사』, 안상준 옮김, 오래된생각, 2014.

알프레드 코르토, 『쇼팽을 찾아서』, 이세진 옮김, 포노, 2019.

음악지우사, 『쇼팽』, 음악세계 편집부 옮김, 음악세계, 2009.

제러미 니콜러스, 『쇼팽, 그 삶과 음악』, 포노, 2017.

존 길래스피, 『피아노 음악』, 김경임 옮김, 계명대학교출판부, 1993.

프란츠 리스트, 『내 친구 쇼팽』, 이세진 옮김, 포노, 2019.

히라노 게이치로, 『쇼팽을 즐기다』, 조영일 옮김, 아르테, 2017.

히라노 게이치로, 『장송』, 양윤옥 옮김, 문학동네, 2005.

사진 크레디트

클래식 클라우드 028

쇼팽

1판 1쇄 발행 2021년 6월 15일
1판 4쇄 발행 2024년 6월 1일

지은이 김주영
펴낸이 김영곤
펴낸곳 아르테

TF팀 이사 신승철
TF팀 이종배
책임편집 임정우
출판마케팅영업본부장 한충희
마케팅1팀 남정한 한경화 김신우 강효원
출판영업팀 최명열 김다운 권채영 김도연
제작 이영민 권경민
디자인 박대성 일러스트 최광렬

출판등록 2000년 5월 6일 제406-2003-061호
주소 (10881) 경기도 파주시 회동길 201(문발동)
대표전화 031-955-2100 팩스 031-955-2151

ISBN 978-89-509-9609-3 04000
ISBN 978-89-509-7413-8 (세트)
아르테는 (주)북이십일의 문학·교양 브랜드입니다.

(주)북이십일 경계를 허무는 콘텐츠 리더

네이버오디오클립/팟캐스트 [클래식 클라우드 – 책보다 여행], 유튜브 [클래식클라우드]를 검색하세요.
네이버포스트 post.naver.com/classic_cloud
페이스북 www.facebook.com/21classiccloud
인스타그램 www.instagram.com/classic_cloud21
유튜브 youtube.com/c/classiccloud21